ルールを守って楽しもう!

まんがで学ぶ

オンラインゲーム

一般社団法人 日本オンラインゲーム協会
カスタマーサポート・ワーキンググループ 監修

保育社
HOIKUSHA

はじめに

みなさんは、ともだちと遊《あそ》ぶときになにをして遊《あそ》んでいますか？
公園《こうえん》でおにごっこをしたり、お店《みせ》やイベントに出《で》かけたりするほかに
今《いま》、小学生《しょうがくせい》や中学生《ちゅうがくせい》に人気《にんき》のある遊《あそ》びが「オンラインゲーム」です。

オンラインゲームは、どのようなゲームなのでしょうか？
ほかのゲームとなにがちがうか、みなさんはわかりますか？

オンラインゲームの世界《せかい》には、人《ひと》が笑顔《えがお》になれる工夫《くふう》がたくさんつまっています。
しかし、ルールやマナーを守《まも》らないと
ほかの人《ひと》をいやな気持《きも》ちにさせたり、反対《はんたい》に自分《じぶん》がいやな気持《きも》ちになったりして、
楽《たの》しいはずのオンラインゲームが楽《たの》しくなくなってしまいます。
オンラインゲームのしくみを悪用《あくよう》して、
相手《あいて》をだましたりトラブルにまきこんだりするような人《ひと》がいるのも事実《じじつ》です。

この本《ほん》では、オンラインゲームに関《かん》するきほん的《てき》な知識《ちしき》や、オンラインゲームでおこりがちなトラブル例《れい》などを紹介《しょうかい》しています。正《ただ》しい知識《ちしき》があれば、トラブルから自分《じぶん》で身《み》を守《まも》ることができるようになります。トラブルを防《ふせ》ぎ、オンラインゲームをもっと楽《たの》しみましょう！

保護者のかたへ

「オンラインゲームは危険なもの」と思って、子どもにやらせないことは簡単です。しかし、仲のいい友だちがゲームで遊んでいれば、いっしょに遊びたいと思うのは自然なこと。何の理由もなくただ禁止されているとなれば、保護者にかくれてプレイするようになるでしょう。そうなると、何かトラブルがおきたときに相談ができなくて、知らないうちにさらに悪い方向に進んでしまうケースも考えられます。

大切なのは「どういうところが危険なのか」を子どもが理解し、そのうえで「どうしても遊びたい」といわれたときに、どういったルールづくりをするか、トラブルにどう対処するかをきちんと決めておくことです。本書の内容をヒントに、子どもとよくコミュニケーションを取り、オンラインゲームで健全に遊べるようにサポートしてあげてください。

目次《もくじ》

はじめに …… 2
保護者《ほごしゃ》のかたへ …… 3
おもな登場人物《とうじょうじんぶつ》 …… 6

第《だい》1章《しょう》 オンラインゲームのきほん …… 7
Prologue オンラインゲームをはじめたい！ …… 8
オンラインゲームってなに？ …… 14
オンラインゲームのしくみ …… 18
オンラインゲームのトラブル …… 22
オンラインゲームをはじめる前《まえ》に …… 24
Column e《イー》スポーツってどんなもの？ …… 26

第《だい》2章《しょう》 ルールとマナーを学《まな》ぼう …… 27
Episode 1 ゲームのお金《かね》＝現実《げんじつ》のお金《かね》？ …… 28
課金《かきん》のしくみ …… 32
ゲームのガチャってなに？ …… 34
課金《かきん》でおきるトラブル …… 36
課金《かきん》トラブルを防《ふせ》ぐために …… 40
Episode 2 ちょっとした言葉《ことば》づかいのせいで …… 42
ゲームで守《まも》るべきマナー …… 46
チャット機能《きのう》について …… 48
きほんのチャットマナー …… 50
ほかの人《ひと》とトラブルにならないために …… 52
ともだちどうしでトラブルになったら …… 54
Episode 3 すきなだけ遊《あそ》ぶよりも …… 56
遊《あそ》ぶときのルールを考《かんが》えよう …… 60
ルールを決《き》めたらちゃんと守《まも》る …… 64
ルールはときどき見直《みなお》そう …… 66
Column 「暗黙《あんもく》のルール」ってなに？ …… 68

第《だい》3章《しょう》 トラブルから身《み》を守《まも》ろう …… 69
Episode 4 同《おな》い年《どし》といわれたのに …… 70
ゲームを悪用《あくよう》したトラブル …… 74
オンラインゲームとSNS《エスエヌエス》 …… 76
個人情報《こじんじょうほう》はぜったいにいわない！ …… 78

トラブルにまきこまれないために …… 80
Episode 5 アカウントがのっとられた！ …… 82
不正《ふせい》アクセスってなに？ …… 86
不正《ふせい》アクセスを防《ふせ》ごう …… 90
安全《あんぜん》なパスワードの考《かんが》えかた …… 92
スマホのセキュリティ対策《たいさく》 …… 94
Episode 6 チートツールの問題点《もんだいてん》 …… 96
不正行為《ふせいこうい》はぜったいにやめよう …… 100
チートってどういう行為《こうい》？ …… 102
リアルマネートレードってなに？ …… 104
ゲーム代行《だいこう》ってやっていいの？ …… 106
Column ペアレンタルコントロールってなに？ …… 108

第《だい》4章《しょう》 ゲームを楽《たの》しくつづけよう …… 109

Episode 7 ゲームのやりすぎで…… …… 110
ゲームのやりすぎによる体《からだ》の不調《ふちょう》 …… 114
自分《じぶん》の体《からだ》のために守《まも》りたいこと …… 116
Episode 8 ゲームのことが気《き》になりすぎる！ …… 118
ゲーム依存《いぞん》ってなに？ …… 122
ゲーム依存《いぞん》によるトラブル …… 124
不安《ふあん》になったらまよわず相談《そうだん》しよう …… 126
Column 家族《かぞく》でオンラインゲームを楽《たの》しむ …… 128
「ゲーム実況《じっきょう》」ってなに？ …… 129
Epilogue オンラインゲームって楽《たの》しい！ …… 130
おわりに …… 136
保護者《ほごしゃ》のかたへ …… 137
オンラインゲームの用語辞典《ようごじてん》 …… 138
こまったときの相談窓口《そうだんまどぐち》 …… 142
相談《そうだん》する前《まえ》に確認《かくにん》しておくこと …… 143

この本《ほん》の内容《ないよう》や情報《じょうほう》は、制作時点《せいさくじてん》（2023年《ねん》6月《がつ》）のものであり、今後変更《こんごへんこう》が生《しょう》じる可能性《かのうせい》があります。

おもな登場人物《とうじょうじんぶつ》

ナオキ

小学《しょうがく》5年生《ねんせい》。明《あか》るく元気《げんき》だけど、おっちょこちょい。コウヘイにさそわれてオンラインゲームをはじめることに。

コウヘイ

ナオキと同《おな》じクラスの親《しん》友《ゆう》。負《ま》けずぎらい。かわいいものがすきで、「スパラ」のキャラグッズを集《あつ》めている。

ハルカ

ナオキと同《おな》じクラスで、片思《かたおも》いの相手《あいて》。じつは、クラスのなかでもゲームが一番《いちばん》うまいといううわさが……？

ヨシノリ

中学《ちゅうがく》2年生《ねんせい》。ナオキの兄《あに》で、ゲームにくわしい。しょうらいはゲームに関《かか》わる仕事《しごと》がしたいと思《おも》っている。

川田先生《かわたせんせい》

ナオキたちのクラスの担《たん》任《にん》。ナオキたちと同《おな》い年《どし》の子《こ》どもがいる。算数《さんすう》は得意《とくい》だけど、スマホ操作《そうさ》は苦手《にがて》らしい。

オンラインゲームのきほん

オンラインゲームは、ゲームの種類《しゅるい》のひとつです。世界中《せかいじゅう》で遊《あそ》ばれているゲームを、すべて「オンラインゲーム」とよぶわけではありません。オンラインゲームとはいったいどんなゲームなのか、遊《あそ》ぶ前《まえ》に知《し》っておきましょう。

オンラインゲームをはじめたい！

ナオキ
知《し》らないの？
スーパーラビットゥーン
ウサギのキャラクターが戦《たたか》う
おしゃれな対戦《たいせん》アクション
シューティングゲーム（TPS《ティーピーエス》）
通称《つうしょう》「スパラ」
スマホでもできる
おしゃれアイテム
SRT
MY AVA-TAR
ちなみにハルカちゃんもやってるらしいぜ〜
ニヤっ
ハルカちゃんも!?
それって…

ガガガガ
ハルカちゃん危《あぶ》ない!!
!
ケガはないかい? ハルカちゃん……
キリッ
うん!!
助《たす》けてくれてありがとう
LOVE
ナオキくんって強《つよ》くてかっこいいんだね
…ってこと!?
おーい
もどってこーい!
こうしちゃいられね〜 おれ帰《かえ》るわ!
じゃ!!
またあした〜
ただいま〜!!

というわけで
オンラインゲーム
させてください!!
オンライン
ゲーム?
いきなり
どうしたの?
実《じつ》はかくかく
しかじか
うーん
でもオンラインゲームって
危《あぶ》ないんじゃない?
なんじゃコリャ〜!
クレカ請求書
¥300,000-
みたいな
トラブルも
多《おお》いっていうしな……
なんでなんで
だめなの
なんで
なんで
ガチャッ
なになに?

ゲームの話《はなし》？
ぽんっ
ただいま〜
ヨシノリ兄《にい》ちゃん！
そう!!
ゲームは危《あぶ》ないってやらせてくれないんだ
ぎゃーっ
特《とく》にアンタみたいなのが一番《いちばん》危《あぶ》ないのよ
ぎゃーっ
まあ本当《ほんとう》にこわいこともあるしね
スマホがあやしいウイルスに感染《かんせん》したり
DANGER
ナオキ自身《じしん》がトラブルにまきこまれたりするかもしれないよ
わ〜〜っ
あくまで一例だけど…
ひえ…

……アンタ
おっちょこちょいだし
心配《しんぱい》なのよ
うっ……
じゃあ
ちゃんとどんな
トラブルがあるか
調《しら》べるし、
トラブルにあわない
方法《ほうほう》も考《かんが》えるから！
おれもナオキの
めんどう見《み》るよ
うーん
そこまで
いうなら……
!!
ぱあああ
ありがとう
お母《かあ》さん……
圧倒的感謝…
これで両思いだ〜
ちゃんと
あそぶときの
ルールも決《き》めてね！
両思いってなに？
よしっじゃあ
さっそく
はじめるか！
は――い

オンラインゲームってなに？

オンラインゲームとは

オンラインゲームとは、**インターネットを通《つう》じて遊《あそ》ぶことができるゲーム**です。

さまざまなジャンルや、タイトル（作品《さくひん》）がありますが、特《とく》にほかのプレイヤーといっしょに遊《あそ》べる「マルチプレイ」形式《けいしき》のものが人気《にんき》です。インターネットにつながっているので、すきなときにすきな場所《ばしょ》でともだちと遊《あそ》べます。

ここでは、オンラインゲームの特徴《とくちょう》について紹介《しょうかい》します。

どうやったら遊《あそ》べるの？

オンラインゲームで遊《あそ》ぶために必要《ひつよう》な準備《じゅんび》があります。

▼デバイスを準備《じゅんび》する

スマートフォンやパソコン、ゲーム機《き》など、インターネットやシステムにつなぐための装置《そうち》である「デバイス」を用意《ようい》します。

デバイスの種類《しゅるい》によって、ゲームのプレイ方法《ほうほう》がかわります。例《たと》えば、パソコンでプレイするときはマウスやキーボードを使《つか》ってプレイしますが、スマートフォンやタブレットはタッチスクリーンを使《つか》ってプレイします。

ゲームをプレイしているときの反応《はんのう》の速《はや》さや、動《うご》きの軽《かる》さは、デバイスの能力《のうりょく》（スペック）によって異《こと》なります。

▼インターネットにつなぐ

「Wi-Fi《ワイファイ》」などを通《つう》じて、デバイスをインターネットにつなぎましょう。

Wi-Fi《ワイファイ》とは、ケーブルなどを使《つか》わずにインターネットにつなぐ方法《ほうほう》のことです。おもにルーターとよばれる通信機器《つうしんきき》で、ケーブルのかわりに電波《でんぱ》を使《つか》ってインターネットにつなげます。電波《でんぱ》がとどかないところでは、Wi-Fi《ワイファイ》につなぐことができないので注意《ちゅうい》しましょう。

▼ゲームアプリやソフトをダウンロードする

デバイスをインターネットにつなげたら、公式《こうしき》サイトなどから遊《あそ》びたいゲームのアプリやソフトをダウンロードします。

ゲームで遊《あそ》ぶためには、プレイヤー名《めい》やメールアドレス、生年月日《せいねんがっぴ》、ID《アイディー》、パスワードなどの情報《じょうほう》を登録《とうろく》して「アカウント」をつくる必要《ひつよう》があります。アカウントの情報《じょうほう》はほかの人《ひと》に教《おし》えてはいけません（くわしくは90ページへ）。

オンラインゲームのジャンル

人気《にんき》がある代表的《だいひょうてき》なジャンルを紹介《しょうかい》します。

〔ゲームのジャンル（代表例《だいひょうれい》）〕

ゲームジャンル	説明《せつめい》
アクションゲーム	キャラクターを操作《そうさ》して、敵《てき》をたおしたり、アイテムを集《あつ》めたりしながらクリアを目指《めざ》す。
ロールプレイングゲーム（RPG《アールピージー》）	プレイヤー自身《じしん》がゲームの登場《とうじょう》人物《じんぶつ》となり、冒険《ぼうけん》・探索《たんさく》・戦闘《せんとう》などをおこなって物語《ものがたり》を進《すす》める。
パズルゲーム	パズルのピースやブロックなどを限《かぎ》られた時間内《じかんない》に動《うご》かして、クリアを目指《めざ》す。
サンドボックスゲーム	プレイヤーが自分《じぶん》で自由《じゆう》にゴールや目的《もくてき》を決《き》め、プレイする。

いくつかのジャンルを組《く》みあわせることで、新《あたら》しいジャンルのゲームがうまれることもあるよ！

オンラインゲームのここがおもしろい

オンラインゲームならではの楽《たの》しみかたや、おもしろいポイントをみていきましょう。

▼ともだちとの交流《こうりゅう》の場《ば》になる

同《おな》じオンラインゲームをプレイしていることが、ともだちとの会《かい》話《わ》や、仲良《なかよ》くなるきっかけになることも。

チームを組《く》んで戦《たたか》う協力《きょうりょく》プレイなど、オンライン上《じょう》での仲間《なかま》とのコミュニケーションを楽《たの》しめるゲームも増《ふ》えています。ゲームプレイを通《とお》して、協調性《きょうちょうせい》やコミュニケーションスキルを学《まな》ぶこともできます。

▼今《いま》ここにいない人《ひと》とも遊《あそ》べる

例《たと》えば、サッカーの試合《しあい》をしたいとなったときに、現実《げんじつ》で2チームあわせて22人《にん》を集《あつ》めるのは大変《たいへん》なことです。しかし、オンラインゲーム上《じょう》であれば、サッカーの試《し》合《あい》をしたいと思《おも》っている人《ひと》を全国《ぜんこく》から探《さが》し出《だ》すことができます。

また、国内《こくない》だけでなく、世界中《せかいじゅう》のプレイヤーと遊《あそ》ぶことができるのも大《おお》きな魅力《みりょく》です。

前《まえ》にいっしょのチームになったプレイヤーが海外《かいがい》の人《ひと》で、日本語《にほんご》でたくさん話《はな》しかけてくれてびっくりした！

Check 保護者《ほごしゃ》もオンラインゲームについて知《し》ろう

保護者《ほごしゃ》の立場《たちば》からすれば、「長時間《ちょうじかん》ゲームをやりつづけるようになってしまうのではないか」「課金《かきん》トラブルが増《ふ》えていると聞《き》くので、自分《じぶん》の子《こ》どもがまきこまれるのでは」という心配《しんぱい》ごとがつきないはず。

心配《しんぱい》なあまり、ゲームを取《と》り上《あ》げたり禁止《きんし》したりすると、親《おや》にかくれてゲームをするようになったり、反発《はんぱつ》したりする場合《ばあい》があります。

まずは、子《こ》どもが遊《あそ》んでいるゲームがどういうものなのか、子《こ》どもはどういうところを楽《たの》しいと感《かん》じているのか、知《し》ることからはじめてみましょう。

どのくらいの人《ひと》がゲームで遊《あそ》んでいるの？

	小学生《しょうがくせい》（10歳以上《さいいじょう》）	中学生《ちゅうがくせい》
動画《どうが》を見《み》る	88.1％	93.9％
検索《けんさく》する	74.1％	87.4％
ゲームをする	86.2％	84.9％

※複数回答可《ふくすうかいとうか》、回答項目《かいとうこうもく》から上位《じょうい》3項目《こうもく》を抜粋《ばっすい》

［青少年《せいしょうねん》のインターネットの利用内容《りようないよう》（2022年《ねん》）］

出典《しゅってん》：『令和《れいわ》４年度《ねんど》 青少年《せいしょうねん》のインターネット利用環境実態調査《りようかんきょうじったいちょうさ》』（内閣府《ないかくふ》）

▼8割《わり》以上《いじょう》がゲームをプレイ

内閣府《ないかくふ》の調査《ちょうさ》によると、小学生《しょうがくせい》（10歳以上《さいいじょう》）から中学生《ちゅうがくせい》の約《やく》9割《わり》がインターネットを使《つか》っています。「動画《どうが》を見《み》る」「検索《けんさく》する」「ゲームをする」の3つがおもな使用《しよう》の目的《もくてき》です。

「ゲームをする」と答《こた》えた小《しょう》・中学生《ちゅうがくせい》はどちらも8割《わり》を超《こ》えており、多《おお》くの人《ひと》がオンラインゲームで遊《あそ》んでいるといえます。

もちろん、ゲームをプレイしているのは小《しょう》・中学生《ちゅうがくせい》だけではありません。大人《おとな》や、自分《じぶん》より年下《としした》の人《ひと》がいっしょにプレイしています。さまざまな人《ひと》と遊《あそ》ぶからこそ、マナーを守《まも》ることが大切《たいせつ》です（くわしくは52〜53ページへ）。

▼プレイ時間《じかん》は長《なが》くなりやすい

インターネットを使《つか》う小《しょう》・中学生《ちゅうがくせい》の約半数《やくはんすう》が、1日《にち》3時間近《じかんちか》く「動画《どうが》を見《み》る」「ゲームをする」などの趣味《しゅみ》や遊《あそ》びのためにインターネットを使《つか》っています。

年齢《ねんれい》が上《あ》がると、さらに使《つか》う時間《じかん》は長《なが》くなっていきます。プレイ時間《じかん》が長《なが》くなりすぎると、体調《たいちょう》が悪《わる》くなることもあるので注意《ちゅうい》しましょう。

オンラインゲームのしくみ

オンラインゲームができるまで

プレイヤーがオンラインゲームをプレイできるようになるまでに、たくさんの人《ひと》がゲームの制作《せいさく》や開発《かいはつ》に関《かか》わっていることを知《し》っていますか？

ゲームの制作《せいさく》は、大《おお》きく「企画《きかく》する」「つくる」「売《う》る・買《か》う」の3つの段階《だんかい》にわけることができます。 それぞれの段階《だんかい》で、どのような職業《しょくぎょう》の人《ひと》が、どのような仕事《しごと》をしているのか見《み》てみましょう。

企《き》画《かく》する

ゲームのコンセプトやストーリー（シナリオ）、システムなどを考《かんが》える。

- **ゲームプランナー**
- **シナリオライター**
- **プロデューサー**　など

つくる

企《き》画《かく》で考《かんが》えたシステムを組《く》んだり、ゲームのグラフィックや音楽《おんがく》をつくったりする。

- **プログラマー**
- **イラストレーター**
- **デザイナー**　など

売《う》る・買《か》う

多《おお》くのプレイヤーに遊《あそ》んでもらうために、ゲームの宣伝《せんでん》をおこなう。

- **広報担当《こうほうたんとう》**
- **営業担当《えいぎょうたんとう》**　など

企画《きかく》する

まず、ゲーム業界《ぎょうかい》のトレンド（流行《りゅうこう》）や、ほかのゲームのプレイヤーの意見《いけん》をもとに、新《あたら》しくつくるゲームの「コンセプト」を決《き》めます。コンセプトとは、ゲーム全体《ぜんたい》のイメージや土台《どだい》となる設定《せってい》などのことです。

ゲームのコンセプトにあわせて、ストーリー（シナリオ）やゲームプレイのルール、システムを考《かんが》えます。ゲームのグラフィック（イラストや3D《スリーディー》モデルなど）や音楽《おんがく》も、人《ひと》が遊《あそ》ぶゲームを決《き》めるうえで重要《じゅうよう》なポイントです。

ゲームの内容《ないよう》をプロデューサーが資料《しりょう》にまとめ、企画《きかく》が決定《けってい》すると「つくる」段階《だんかい》に進《すす》みます。

つくる

企画《きかく》のときに考《かんが》えたゲームシステムのプログラムは、おもにエンジニアやプログラマーが組《く》んでいきます。

ゲームの設定《せってい》にあわせて、イラストレーターがキャラクターを考《かんが》えたり、デザイナーがゲームの画《が》面《めん》をデザインしたりします。また、作曲家《さっきょくか》や歌手《かしゅ》がゲームの音楽《おんがく》（B《ビー》G《ジー》M《エム》）や主題歌《しゅだいか》をつくり、ゲームの雰囲気《ふんいき》を音《おと》で表現《ひょうげん》します。

つくっているとちゅうで、「デバッガー」とよばれる人《ひと》たちがゲームをためしにプレイして、プレイするときに問題《もんだい》がないか、「バグ」とよばれる不《ふ》ぐあいがないかなどを確認《かくにん》します。

売《う》る・買《か》う

完成《かんせい》したゲームをたくさんの人《ひと》に遊《あそ》んでもらうために、テレビなどでCM《シーエム》広告《こうこく》をうち出《だ》したり、S《エス》N《エヌ》S《エス》（ソーシャル・ネットワーキング・サービス）などでキャラクターやシステムを紹介《しょうかい》したり、宣《せん》伝活動《でんかつどう》をします。

また、プレイヤーがゲームをプレイしてトラブルや不《ふ》ぐあいがおきたときは、ゲームの運営会社《うんえいがいしゃ》のサポート担当《たんとう》やエンジニアが対応《たいおう》して、プレイヤーが安全《あんぜん》に楽《たの》しく遊《あそ》べるようにしてくれます。

ゲームをプレイしたい人《ひと》は、ネットショップやアプリのストアからダウンロードできるな

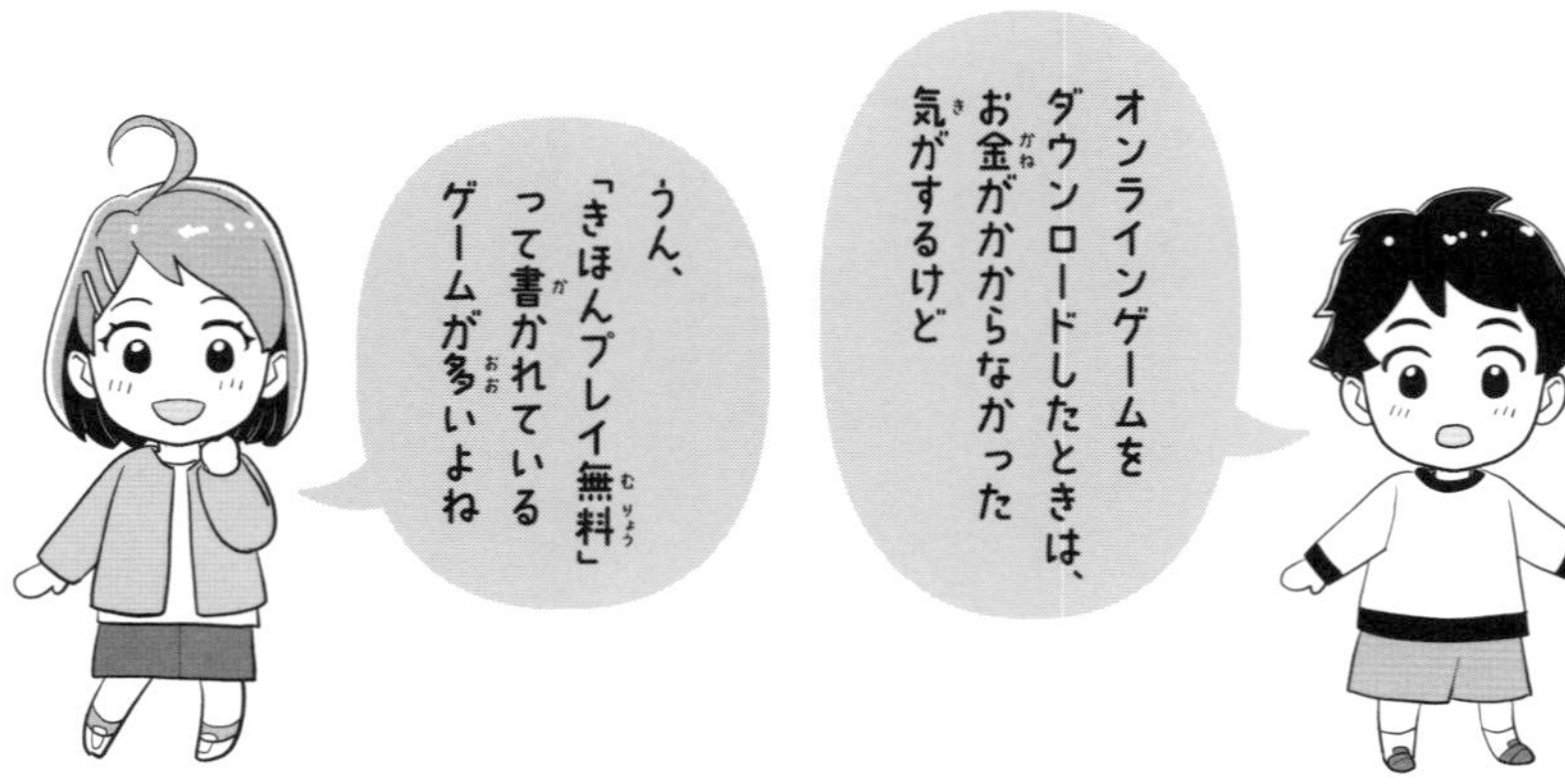
オンラインゲームを
ダウンロードしたときは、
お金《かね》がかからなかった
気《き》がするけど
うん、
「きほんプレイ無料《むりょう》」
って書《か》かれている
ゲームが多《おお》いよね

「きほんプレイ無料《むりょう》」ってどういうこと？

ネットショップや家電量販店《かでんりょうはんてん》で売《う》られている「パッケージ版《ばん》」のゲームとちがって、オンラインゲームはアプリやソフトをデバイスにダウンロードするだけで遊《あそ》べます。

しかもオンラインゲームは、**アプリやソフトのダウンロードや、きほん的《てき》なゲームプレイにはお金《かね》がかからない「きほんプレイ無《む》料《りょう》」とよばれるものが多《おお》いです。**

お金《かね》をしはらわなくても気軽《きがる》に遊《あそ》べるところが、多《おお》くの人《ひと》がオンラインゲームで遊《あそ》ぶ理由《りゆう》のひとつであるといえます。

CASE

知《し》らないあいだに毎月《まいつき》しはらいが必要《ひつよう》に？

毎月《まいつき》、毎年《まいとし》決《き》まったお金《かね》をはらうプランやサービスのことを「サブスクリプション」といいます。「無料《むりょう》」と書《か》かれていても、ダウンロードした日《ひ》から数日間《すうじつかん》だけ無料《むりょう》で、無料期間《むりょうきかん》を過《す》ぎたら自動的《じどうてき》に有料《ゆうりょう》のしはらいプランにかわる設定《せってい》になっているアプリもあります。知《し》らないあいだにしはらう設定《せってい》になっているアプリなどがないか、保護者《ほごしゃ》といっしょにチェックしましょう。

無料《むりょう》で遊《あそ》べるのはなぜ？

オンラインゲームの多《おお》くが無料《むりょう》で遊《あそ》べるのは、多《おお》くの人《ひと》に遊《あそ》んでもらうためです。せっかくつくっても、だれにも遊《あそ》んでもらえなかったら意味《いみ》がありません。

しかし、ゲームをつくったり、プレイヤーがゲームで遊《あそ》びつづけたりするために、多《おお》くの人《ひと》がひとつのゲームに関《かか》わっています。その人《ひと》たちには、働《はたら》いた分《ぶん》のお金《かね》をしはらわなければなりません。

ゲームのプレイヤーには、無料《むりょう》でプレイしている人《ひと》もたくさんいます。ゲームをつくったり、つづけたりするためのお金《かね》はどのように集《あつ》められるのでしょうか。

▼プレイヤーがゲーム内《ない》でアイテムを購入《こうにゅう》する

オンラインゲームのなかには、ゲームで使《つか》えるアイテムや、キャラクターの見《み》た目《め》をかえる「スキン」などを買《か》えるものもあります。アイテムやスキンは、現実《げんじつ》のお金《かね》をゲーム内《ない》のお金《かね》にかえることで、購入《こうにゅう》できるようになります（くわしくは32ページへ）。

アイテムやスキンを買《か》うことで、かならず勝《か》てたり、強《つよ》くなれたりするわけではありませんが、ゲームをより楽《たの》しみたい人《ひと》が購入《こうにゅう》します。

無料《むりょう》プレイでも
もちろん
楽《たの》しめる！

▼ゲームの画面《がめん》に広告《こうこく》を表示《ひょうじ》する

ゲームに広告《こうこく》を表示《ひょうじ》させてお金《かね》を集《あつ》める「広告収入《こうこくしゅうにゅう》」とよばれるやりかたもあります。画面《がめん》の端《はし》に「バナー」とよばれるリンクつきの画像《がぞう》を置《お》いたり、ステージやページの切《き》りかえ時《じ》に動画《どうが》を表示《ひょうじ》したりします。

プレイヤーに広告《こうこく》が表示《ひょうじ》されることで、ゲーム会社《がいしゃ》には広告主《こうこくぬし》からお金《かね》が入《はい》ります。広告主《こうこくぬし》からお金《かね》を集《あつ》めることで、プレイヤーが無料《むりょう》でゲームを遊《あそ》べるのです。

広告《こうこく》が多《おお》すぎると
ゲームよりそっちが
気《き》になっちゃう
ときもあるなあ

オンラインゲームのトラブル

楽《たの》しいはずのゲームで……

オンラインゲームは、ゲームの機能《きのう》や内容《ないよう》が日々《ひび》アップデートされていきます。

新《あたら》しいステージやマップ、アイテム、キャラクターなど、プレイヤーをワクワクさせる工夫《くふう》がたくさんつまっています。

また、ともだちや同《おな》じゲームをすきな仲間《なかま》と、協力《きょうりょく》プレイや対戦《たいせん》ができるのもオンラインゲームの楽《たの》しいポイントです。

しかし、なかにはオンラインゲームのシステムがわからずにお金《かね》のトラブルにつながってしまったり、自分《じぶん》でも気《き》づかないうちに犯罪《はんざい》にまきこまれたりする危険《きけん》もあります。どんなトラブルがおきるのかを知《し》り、トラブルを防《ふせ》ぐためにどんなルールが必要《ひつよう》か考《かんが》えてみましょう。

おもなトラブル例《れい》

▼お金《かね》のトラブル

「課金《かきん》」など、お金《かね》やしはらいに関《かか》わるトラブル。36ページへ

▼「さそい出《だ》し」などの犯罪《はんざい》

ゲームのチャットなどで、相手《あいて》をおびき出《だ》す。74ページへ

▼不正行為《ふせいこうい》

チート行為《こうい》など、禁止《きんし》されている行為《こうい》。100ページへ

▼体《からだ》の不調《ふちょう》

目《め》のつかれなどの体調《たいちょう》に関《かか》わるトラブル。114ページへ

トラブルの相談件数《そうだんけんすう》は増《ふ》えている！

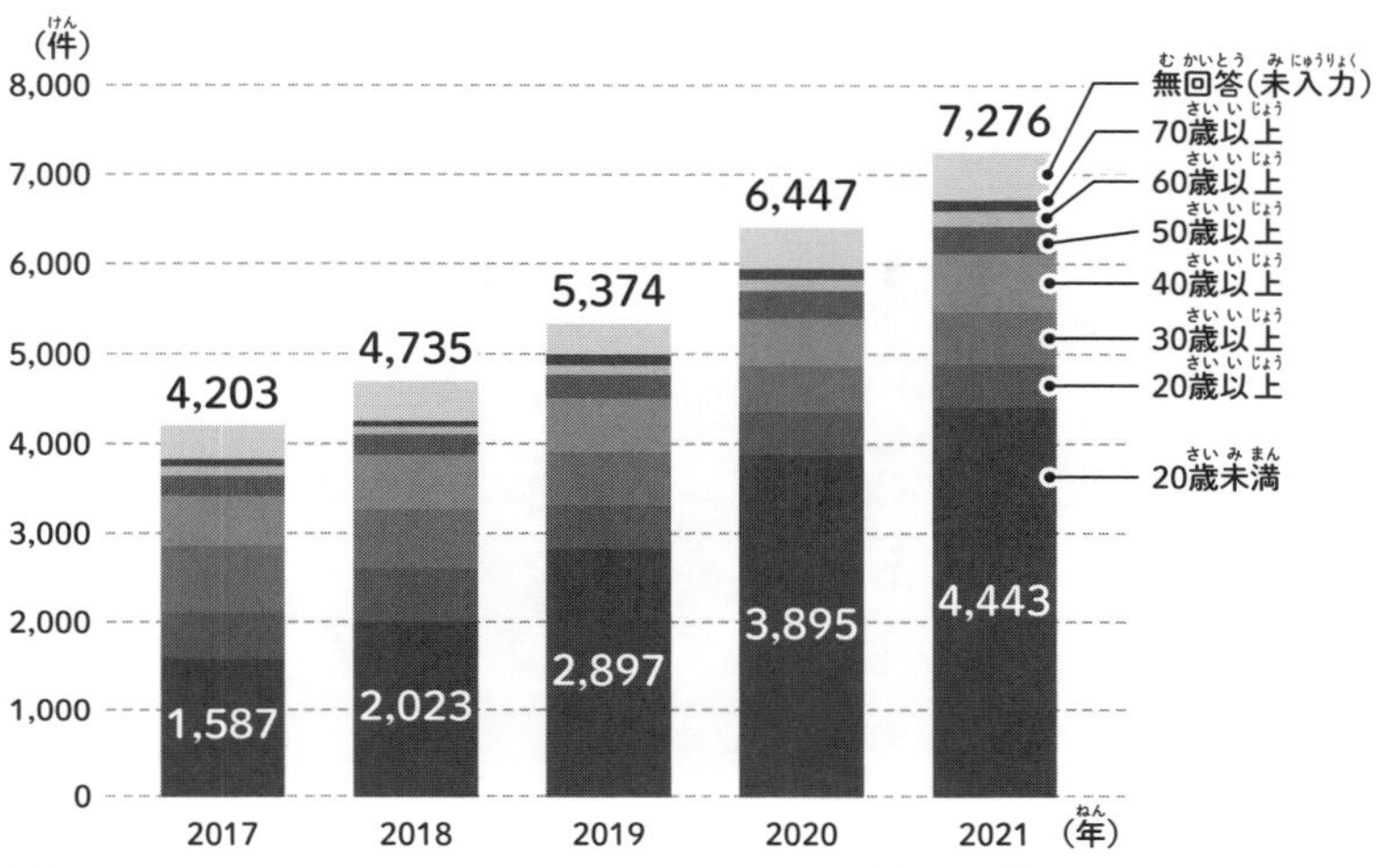

（件《けん》）
8,000
7,000
6,000
5,000
4,000
3,000
2,000
1,000
0
4,203
4,735
5,374
6,447
7,276
1,587
2,023
2,897
3,895
4,443
2017
2018
2019
2020
2021
（年《ねん》）
無回答《むかいとう》（未入力《みにゅうりょく》）
70歳以上《さいいじょう》
60歳以上《さいいじょう》
50歳以上《さいいじょう》
40歳以上《さいいじょう》
30歳以上《さいいじょう》
20歳以上《さいいじょう》
20歳未満《さいみまん》

「インターネットゲーム（オンラインゲーム）」に関《かん》する
消費生活相談件数《しょうひせいかつそうだんけんすう》の推移《すいい》（年齢層別《ねんれいそうべつ》）（2022年《ねん》）

出典《しゅってん》：『令和《れいわ》４年版消費者白書《ねんばんしょうひしゃはくしょ》』（消費者庁《しょうひしゃちょう》）

備考《びこう》：PIO-NET《パイオネット》（全国消費生活情報《ぜんこくしょうひせいかつじょうほう》ネットワークシステム）に登録《とうろく》された消費生活相《しょうひせいかつそう》談情報《だんじょうほう》（2022年《ねん》3月《がつ》31日《にち》までの登録分《とうろくぶん》）。

消費者庁《しょうひしゃちょう》の調査《ちょうさ》によると、オンラインゲームのトラブルに関《かん》する相談件数《そうだんけんすう》は毎年増《まいとしふ》えています。**特《とく》に小《しょう》・中学生《ちゅうがくせい》をふくむ20歳未満《さいみまん》は、ほかの年代《ねんだい》とくらべてより多《おお》くの相談《そうだん》が寄《よ》せられている**ことがグラフからわかります。

お金《かね》に関《かん》するトラブルの相談《そうだん》がもっとも多《おお》く、「データが消《き》えてしまった」「ゲームにのめりこんでしまいやめられない」などの相《そう》談《だん》もあるようです。

Check 子《こ》どもがひとりで防《ふせ》ぐのはむずかしい

オンラインゲームの「課金《かきん》」などのシステムは、子《こ》どもにとっては複雑《ふくざつ》でわかりにくいものです。子《こ》どもにまかせっきりにするのではなく、保護者《ほごしゃ》もオンラインゲームのシステムやおこりうるトラブルについて理解《りかい》し、必要《ひつよう》があれば子《こ》どもにもわかるかんたんな言葉《ことば》で説明《せつめい》しましょう。

大人《おとな》が「少《すこ》し考《かんが》えればわかる」と思《おも》っても、子《こ》どもにとってはそうじゃないよな

オンラインゲームをはじめる前《まえ》に

はじめる前《まえ》に確認《かくにん》しておきたいこと

オンラインゲームで楽《たの》しく遊《あそ》ぶためにも、前《まえ》もって調《しら》べておくことはとても大切《たいせつ》なことです。

ゲームをはじめる前《まえ》に、**ゲームの「レーティング」や「利用規約《りようきやく》」について知《し》っておきましょう。**保護者《ほごしゃ》にも知《し》っておいてもらうと、トラブルを防《ふせ》ぎやすいです。

また、アカウントをつくるときも、どんな情報《じょうほう》を登録《とうろく》しているのか保護者《ほごしゃ》に見《み》せておきましょう。

ゲームのレーティング

ゲームの内容《ないよう》によって、**どのくらいの年齢《ねんれい》の人《ひと》がプレイするのに適《てき》しているのか評価《ひょうか》したものを「レーティング」といいます。**例《たと》えば、ゲームに暴力的《ぼうりょくてき》なシーンが出《で》てくる場合《ばあい》は、それにあわせた評価《ひょうか》になります。オンラインゲームとパッケージ版《ばん》のゲームでは、使《つか》われているレーティングが異《こと》なります。

代表的《だいひょうてき》なレーティング

レーティングの種類《しゅるい》（代表例《だいひょうれい》）	説明《せつめい》
「App Store《アップストア》」「Google Play《グーグルプレイ》 ストア」などのレーティング	アプリゲームなどで使用《しよう》されている。アプリのダウンロード画面《がめん》に、「4＋」「9＋」「12＋」などのように書《か》かれている。 数字《すうじ》が年齢《ねんれい》を示《しめ》していて、「4＋」なら「4歳以上《さいいじょう》」が対象《たいしょう》という意味《いみ》になる。
CERO《セロ》 レーティング	CERO《セロ》（特定非営利活動法人《とくていひえいりかつどうほうじん》コンピュータエンターテイメントレーティング機構《きこう》）が評価《ひょうか》したもの。 おもに、パッケージ版《ばん》のゲームソフトなどで使用《しよう》されている。 「A《エー》（全年齢《ぜんねんれい》）」「B《ビー》（12歳以上《さいいじょう》）」「C《シー》（15歳以上《さいいじょう》）」など5つの区分《くぶん》がある。

▼アカウント登録《とうろく》のときの注意点《ちゅういてん》

❶ゲームの「利用規約《りようきやく》」を確認《かくにん》してみましょう。**利用規約《りようきやく》とは、ゲームをするときの約束《やくそく》についてまとめたもの**です。むずかしい言葉《ことば》を使《つか》って書《か》かれているので、保護者《ほごしゃ》といっしょに確認《かくにん》しましょう。

ゲームの運営会社《うんえいがいしゃ》によっては、公式《こうしき》サイトに子《こ》どもでも読《よ》みやすいかんたんな言葉《ことば》で利用規約《りようきやく》についてまとめている場合《ばあい》もあるので、チェックしてみてください。

❷アカウント情報《じょうほう》は、うそをつかずに登録《とうろく》しましょう。ゲームによっては、ユーザーの登録《とうろく》した生年月日《せいねんがっぴ》で課金《かきん》を制限《せいげん》しているものもあります。一度《いちど》設定《せってい》するとあとから変更《へんこう》できない場合《ばあい》もあるので、入力《にゅうりょく》しおえたら登録《とうろく》する前《まえ》に保護者《ほごしゃ》と確認《かくにん》しましょう。

❸**オンラインゲームで遊《あそ》ぶときのルールは、ゲームをはじめる前《まえ》にかならず決《き》めておきましょう。**まずは自分《じぶん》で考《かんが》えてみて、次《つぎ》に保護者《ほごしゃ》の希望《きぼう》を聞《き》き、おたがいが「これならいいね」と思《おも》えるルールにすることが重要《じゅうよう》です（くわしくは60ページへ）。

CASE うその年齢《ねんれい》で高額《こうがく》な課金《かきん》をしてしまった

アカウント登録時《とうろくじ》に、20歳《さい》とうそをついてゲームをプレイしていた小学《しょうがく》6年生《ねんせい》のAさん《エー》。課金《かきん》のシステムをよく理解《りかい》しないまま総額《そうがく》20万円以上《まんえんいじょう》のアイテムを買《か》ってしまい、A《エー》さんの保護者《ほごしゃ》はゲーム会社《がいしゃ》に返金《へんきん》を求《もと》めます。未成年《みせいねん》のA《エー》さんが保護者《ほごしゃ》の同意《どうい》なしにアイテムを買《か》った場合《ばあい》、しはらいが取《と》り消《け》しになるケースもありますが、本人《ほんにん》がうそをついていたため取《と》り消《け》しにはなりませんでした。

Column

e《イー》スポーツってどんなもの？

若《わか》い世代《せだい》を中心《ちゅうしん》に注目《ちゅうもく》されている「e《イー》スポーツ」。
ゲームのプロがかつやくする競技《きょうぎ》の魅力《みりょく》を紹介《しょうかい》します。

▶▶ ゲームを使《つか》った新《あたら》しい競技《きょうぎ》のかたち

e《イー》スポーツとは、おもに対戦型《たいせんがた》のゲームを使《つか》った競技《きょうぎ》のことです。「エレクトロニック・スポーツ」の略《りゃく》で、アクションゲームや格闘《かくとう》ゲーム、パズルゲームなど、いろいろなジャンルのゲームで大会《たいかい》が開催《かいさい》されています。野球《やきゅう》などのスポーツと同《おな》じように、選手《せんしゅ》は練習《れんしゅう》を重《かさ》ねて優勝《ゆうしょう》を目指《めざ》します。

▶▶ プロゲーマーになるには

「プロゲーマー」とは、e《イー》スポーツなどの大会《たいかい》で選手《せんしゅ》として戦《たたか》うゲームのプロのことです。プレイのうで前《まえ》を上《あ》げて、ゲームの大会《たいかい》で優勝《ゆうしょう》すると実力《じつりょく》がみとめられて、プロチームに所属《しょぞく》したり、団体《だんたい》が発行《はっこう》するプロとしての「ライセンス（資格《しかく》）」をもらったりできます。最近《さいきん》は、プロゲーマーになるための学校《がっこう》などもあります。

プロになるまで（代表例《だいひょうれい》）

練習《れんしゅう》をして
うで前《まえ》を上《あ》げる

▼

大会《たいかい》に出場《しゅつじょう》して
いい成績《せいせき》を残《のこ》す

▼

プロのチームに所属《しょぞく》し、
さらに大《おお》きな大会《たいかい》に出場《しゅつじょう》

第《だい》2章《しょう》

ルールとマナーを学《まな》ぼう

学校《がっこう》や図書館《としょかん》などにルールやマナーがあるのと同《おな》じように、オンラインゲームにも遊《あそ》ぶときのルールや、マナーがあります。オンラインゲームだからこそ気《き》をつけたいポイントを知《し》っておきましょう。

Episode 1

ゲームのお金《かね》＝現実《げんじつ》のお金《かね》？

翌日《よくじつ》
おっ
じゃあ、ナオキもスパラはじめたんだ
うん
まあヨシノリ兄《にい》ちゃんに教《おそ》わって
アカウント登録《とうろく》したところまでだけどね
お〜っ
RANK 1
できた〜！
おーっ
今日《きょう》はうちでスパラしよう！
うん！おれスマホとってくる

ピンポーン
こんにちは！
ナオキくん いらっしゃい
おじゃましまーす
コウヘイの スパラのキャラ 見《み》せて！
ちょっと まって……はい
お…っ、お〜〜!!
RANK 20
コウ
SHOP
FRIEND
GACHA

スゲー!!
なんか おれのやつと ちがう！
毎日《まいにち》コツコツ やってるからね
おれもこの カッコイイ 武器《ぶき》ほしい！
あー、それは 有料《ゆうりょう》アイテムだから…
ウ
GACHA
あ！ ショップにあるじゃん、これをクリックし
500
1500
ガッ
まてまてまてーーっ！
ぽちっと…
人《ひと》の話《はなし》を 聞《き》けー!!
ガー
ごめんごめん
ふい…

あのな……
ゲームでなにか買《か》うときもコンビニとかスーパーと同《おな》じようにお金《かね》がかかるんだよ
¥
=
ってこと
そうなんだ
その場《ば》でお金《かね》をはらうわけじゃないから変《へん》な感《かん》じだなあ
ナオキがやろうとしたことって
お前《まえ》のお母《かあ》さんのサイフから勝手《かって》にお金《かね》をとるのといっしょだぞ
えっ
ぜったいダメなことじゃん
だから有料《ゆうりょう》アイテムは自分《じぶん》のおこづかいでプリペイドカードを買《か》ったりしてゲットするんだ
もちろん親と相談してからだけど
よしっじゃあお母《かあ》さんにたのんでさっそくおこづかいで……
アンタこの前《まえ》マンガ買《か》ったでしょ
カラッ
……

課金《かきん》のしくみ

オンラインゲームの課金《かきん》ってなに?

オンラインゲームには、無料《むりょう》で遊《あそ》べるものと、有料《ゆうりょう》で遊《あそ》べるものがあります。無料《むりょう》のゲームでも、とちゅうから有料《ゆうりょう》になったり、有《ゆう》料《りょう》のアイテムやキャラクターが出《で》てきたりすることがあります。そういった**有料《ゆうりょう》のものに、お金《かね》をしはらうことを「課金《かきん》」といいます。**

ここでは、課金《かきん》の使《つか》い道《みち》や、どのようにお金《かね》をしはらうかについて、見《み》ていきましょう。

「課金《かきん》」の言葉《ことば》の意味《いみ》

「課金《かきん》」はもともと、「会社《かいしゃ》やお店《みせ》が、お客《きゃく》さんに代金《だいきん》のしはらいをもとめる」という意味《いみ》で使《つか》われる言葉《ことば》です。しかしオンラインゲームでは、「お客《きゃく》さんが自分《じぶん》から代金《だいきん》をしはらう」ことを表《あらわ》す言《こと》葉《ば》として使《つか》われています。

今《いま》使《つか》われている意味《いみ》と
もともとの意味《いみ》が
逆《ぎゃく》になってる!

なににお金《かね》をしはらうの?

課金《かきん》をすると、キャラクターを強《つよ》くすることや、キャラクターの見《み》た目《め》をかえる「スキン」などを手《て》にいれられます。無料《むりょう》では限《かぎ》られているゲームのプレイ時間《じかん》・回《かい》数《すう》も、課金《かきん》で増《ふ》やすことができるため、ほかのプレイヤーよりも有《ゆう》利《り》にゲームを進《すす》められます。

また、ほしいアイテムやキャラクターを出《だ》す「ガチャ(34ページ)」をするために、課金《かきん》をするプレイヤーもいます。

どうやって課金《かきん》するの？

おもな課金《かきん》の方法《ほうほう》は、「プリペイドカード」「クレジットカード」「キャリア決済《けっさい》」の3つです。それぞれ、どのようなしはらい方法《ほうほう》なのでしょうか。

▼プリペイドカード

プリペイドカードは、あらかじめお金《かね》が入金《にゅうきん》されているカードのことです。コンビニや家電量販店《かでんりょうはんてん》などで売《う》られています。手《て》にはいりやすく、だれでも買《か》うことができます。

ゲームの課金画面《かきんがめん》で、買《か》ったカードの裏面《うらめん》にあるコードを入力《にゅうりょく》すれば、カードに入金《にゅうきん》されている分《ぶん》のお金《かね》が課金《かきん》されます。

▼クレジットカード

クレジットカードは、その場《ば》でお金《かね》を使《つか》わずに買《か》いものができるカードです。使《つか》った分《ぶん》のお金《かね》は、あとからまとめて銀行《ぎんこう》の口座《こうざ》から引《ひ》き落《お》とされます。

課金画面《かきんがめん》にクレジットカードの番号《ばんごう》など、必要《ひつよう》な情報《じょうほう》を入力《にゅうりょく》すると課金《かきん》ができます。「なににいくら利用《りよう》したのか」は、カードの持《も》ち主《ぬし》が知《し》ることができます。

▼キャリア決済《けっさい》

キャリア決済《けっさい》は、買《か》いものなどの代金《だいきん》を携帯電話《けいたいでんわ》の料《りょう》金《きん》といっしょに、しはらうサービスです。携《けい》帯電話《たいでんわ》の会社《かいしゃ》と契約《けいやく》していれば、キャリア決済《けっさい》の画面《がめん》にID《アイディー》とパスワードを入力《にゅうりょく》するだけで、しはらいができます。

キャリア決済《けっさい》で課金《かきん》した分《ぶん》のお金《かね》は、次《つぎ》の月《つき》の携帯電話《けいたいでんわ》の料金《りょうきん》といっしょにしはらいます。

ゲームのガチャってなに？

オンラインゲームのガチャとは

ガチャは、アイテムやキャラクターを、抽選《ちゅうせん》で当《あ》てるシステムのことです。お金《かね》をいれて、カプセルにはいったグッズ（カプセルトイ）を抽選《ちゅうせん》で引《ひ》き当《あ》てる販売機《はんばいき》をまねたしくみで、お金《かね》の代《か》わりに、ガチャ専用《せんよう》の「石《いし》」や「コイン」などを使《つか》っておこないます。

ほしいアイテムやキャラクターを手《て》にいれるために、何回《なんかい》もガチャをするプレイヤーもいます。

ガチャのしくみ

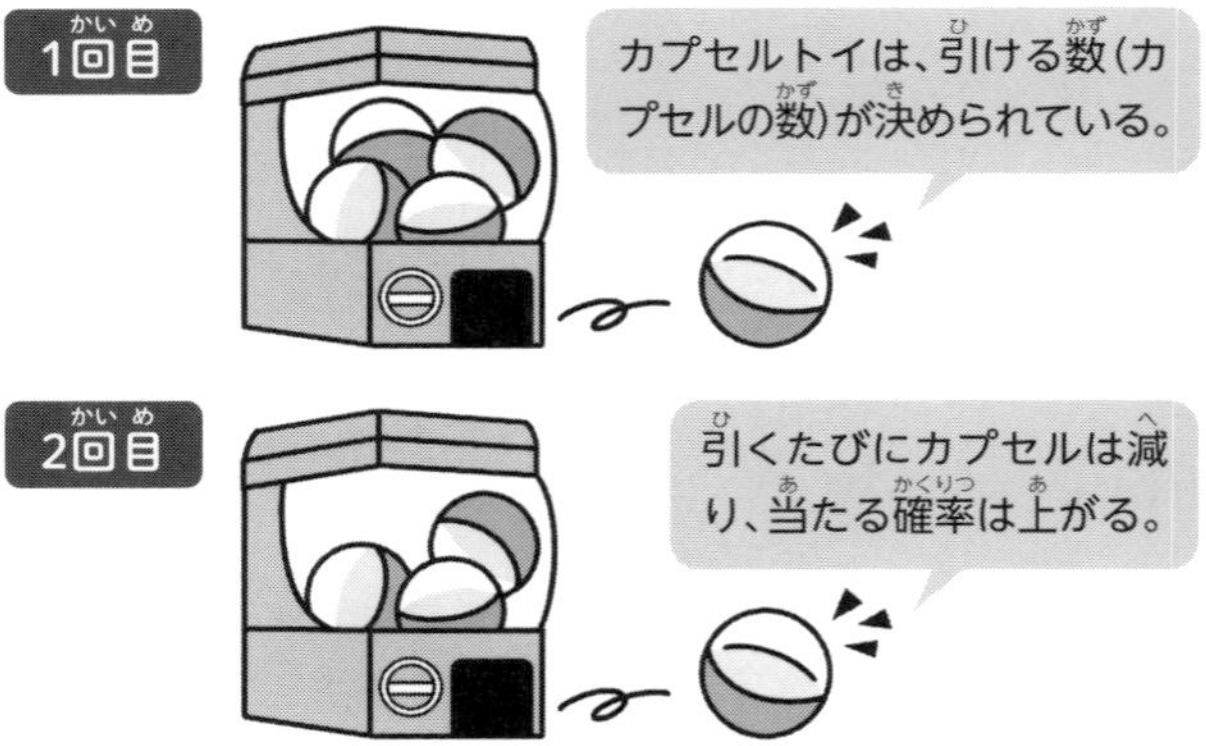
1回目《かいめ》
カプセルトイは、引《ひ》ける数《かず》（カプセルの数《かず》）が決《き》められている。
2回目《かいめ》
引《ひ》くたびにカプセルは減《へ》り、当《あ》たる確率《かくりつ》は上《あ》がる。

▼カプセルトイの場合《ばあい》

カプセルトイが100個《こ》はいったガチャがあるとします。

そのなかに目当《めあ》てのものが1つあるとしたら、それを引《ひ》く確率《かくりつ》は100分《ぶん》の1です。ガチャを100回《かい》引《ひ》けば、かならず当《あ》たるしくみになっています。

たとえちがうものを引《ひ》いたとしても、なかのカプセルが減《へ》っていくため、99分《ぶん》の1、98分《ぶん》の1……と、目当《めあ》てのものを引《ひ》く確率《かくりつ》が上《あ》がっていきます。引《ひ》けば引《ひ》くほど当《あ》たりやすいのです。

1回目《かいめ》

武器
ガチャ
今月の
ピックアップ
1回
10回
ゲームのガチャは、引《ひ》ける数《かず》は決《き》められていない。

2回目《かいめ》

武器
ガチャ
今月の
ピックアップ
1回
10回
ガチャを何回《なんかい》引《ひ》いても、当《あ》たる確率《かくりつ》は毎《まい》回同《かいおな》じ。

▼オンラインゲームのガチャの場合《ばあい》

オンラインゲームのガチャでは、1回《かい》ごとに当《あ》たりの確率《かくりつ》が決《き》められています。そのため、引《ひ》くほどに当《あ》たる確率《かくりつ》が上《あ》がっていくことはありません。

なお、目当《めあ》てのものが当《あ》たる確率《かくりつ》が1％のガチャを100回《かい》引《ひ》けば、1回《かい》でも当《あ》たる確率《かくりつ》は約《やく》63％とされています。ひとりの人《ひと》が何《なん》回《かい》も当《あ》たることもあるため、「100回《かい》引《ひ》いた100人《にん》のうち、63人《にん》は当《あ》たる」というわけではないので気《き》をつけましょう。

Check　ガチャの入手確率《にゅうしゅかくりつ》の表示《ひょうじ》について

2016年《ねん》、日本《にほん》オンラインゲーム協会《きょうかい》は、プレイヤーが課金《かきん》しすぎるのを防《ふせ》ぐためのガイドラインをつくり、ゲーム会社《がいしゃ》に示《しめ》しました。さらに2018年《ねん》には、アメリカ・アップル社《しゃ》が、「App Store《アップストア》」にあるゲームアプリに対《たい》し、有料《ゆうりょう》のガチャの当《あ》たる確率《かくりつ》を、はっきり示《しめ》すことを義務《ぎむ》づけました。

オンラインゲームのガチャや課金《かきん》などのトラブルを防《ふせ》ぐために、多《おお》くのゲーム会社《がいしゃ》がシステムの見直《みなお》しや改善《かいぜん》に取《と》り組《く》んでいます。しかし、今後《こんご》もトラブルが増《ふ》えてくると、法律《ほうりつ》できびしく取《と》りしまられるかもしれません。

課金《かきん》でおきるトラブル

特《とく》に未成年《みせいねん》に多《おお》いトラブル

ここ数年《すうねん》、オンラインゲームでの課金《かきん》をめぐるトラブルが増《ふ》えつづけています。

特《とく》に若《わか》い人《ひと》がトラブルに関《かか》わることが多《おお》く、令和《れいわ》4年《ねん》の調査《ちょうさ》では、**課金《かきん》トラブルについての相談《そうだん》の9割《わり》は、10歳《さい》から17歳《さい》までの未成年《みせいねん》者《しゃ》が関係《かんけい》していました。**

課金《かきん》トラブルにまきこまれないように、どのようなトラブルがおこっているのか、確認《かくにん》しておきましょう。

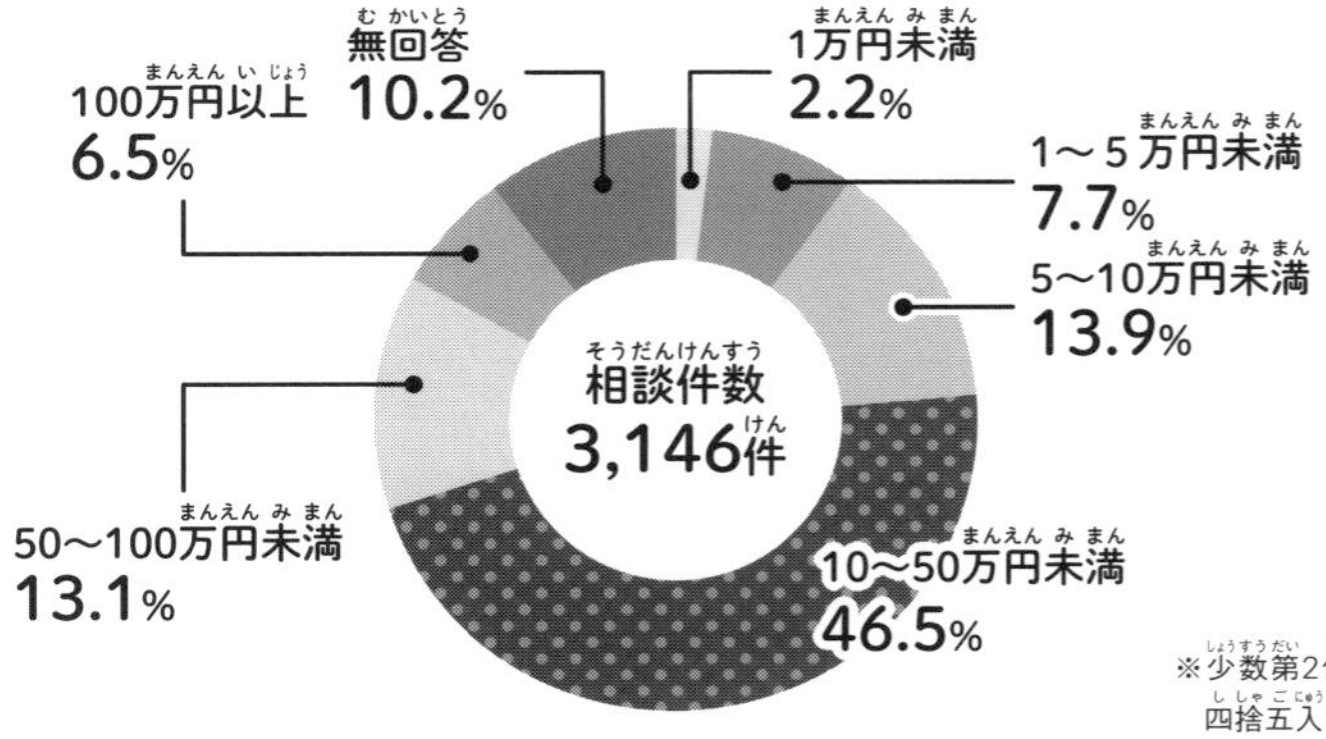

相談件数《そうだんけんすう》
3,146件《けん》
1万円未満《まんえんみまん》 2.2%
1～5万円未満《まんえんみまん》 7.7%
5～10万円未満《まんえんみまん》 13.9%
10～50万円未満《まんえんみまん》 46.5%
50～100万円未満《まんえんみまん》 13.1%
100万円以上《まんえんいじょう》 6.5%
無回答《むかいとう》 10.2%

オンラインゲームに関《かん》する消費生活相談《しょうひせいかつそうだん》の契約購入金額割合《けいやくこうにゅうきんがくわりあい》(10-17歳《さい》)

出典《しゅってん》:『令和《れいわ》4年版消費者白書《ねんばんしょうひしゃはくしょ》』(消費者庁《しょうひしゃちょう》)

※少数第2位《しょうすうだいい》を四捨五入《ししゃごにゅう》しているため、合《ごう》計《けい》が100%にならない場合《ばあい》があります。

▼高額《こうがく》な課金《かきん》トラブルが増《ふ》えている

10～17歳《さい》の人《ひと》が関《かか》わった課金《かきん》トラブルの相談《そうだん》で、その人《ひと》がいくら課金《かきん》したかをしめしたグラフです。**割合《わりあい》がもっとも高《たか》いのが10万《まん》～50万円未満《まんえんみまん》と、多《おお》くの人《ひと》が高額《こうがく》の課金《かきん》をしたことがわかります。**

高額《こうがく》な課金《かきん》をしてしまう前《まえ》に、子《こ》どもや保護者《ほごしゃ》が気《き》づけるようにすることが大切《たいせつ》です。

なぜ高額《こうがく》な課金《かきん》をしてしまうの？

無料《むりょう》で遊《あそ》べるにもかかわらず、なぜゲームに高額《こうがく》な課金《かきん》をしてしまうのでしょうか。

▼早《はや》く強《つよ》くなれる

課金《かきん》をすると、自分《じぶん》のキャラクターをかんたんに強《つよ》くすることができます。

1回《かい》の課金《かきん》は数百円《すうひゃくえん》ほどですむので、「1回《かい》だけならいいか」と軽《かる》い気持《きも》ちで課金《かきん》すると、強《つよ》い敵《てき》が出《で》てくるたびに課金《かきん》をするようになります。課金《かきん》をするとかんたんにゲームをクリアできるようになり、課金《かきん》をするのが当《あ》たり前《まえ》になってしまうのです。

▼お金《かね》をしはらっていることに気《き》づいていない

保護者《ほごしゃ》のスマホでゲームをしていると、スマホに登録《とうろく》されたクレジットカードや、キャリア決済《けっさい》などで、かんたんに課金《かきん》ができてしまい、知《し》らないうちに高額《こうがく》な課金《かきん》をしてしまうことがあります。

また、ゲームのなかのすべてが無料《むりょう》だと思《おも》いこみ、有料《ゆうりょう》のアイテムをたくさん買《か》ってしまった、というケースもあります。

ゲームのなかのお金《かね》（通貨《つうか》）で買《か》っていると思《おも》いこんでいる場合《ばあい》もあるね

CASE キャリア決済《けっさい》ならお金《かね》がかからない!?

保護者《ほごしゃ》のスマホを使《つか》って、オンラインゲームをしているB《ビー》さんは、高額《こうがく》な課金《かきん》をしてしまいました。きっかけは、ともだちから「キャリア決済なら、お金をかけずに課金《かきん》アイテムをもらえる」と教《おし》えてもらったこと。スマホには、キャリア決済《けっさい》のID《アイディー》とパスワードが保存《ほぞん》されていたため、決済《けっさい》ボタンをおすだけで課金《かきん》ができてしまい、お金《かね》をはらっている感覚《かんかく》もないままに課金《かきん》をしてしまったのです。

「未成年者取消権《みせいねんしゃとりけしけん》」ってなに？

本来《ほんらい》、課金《かきん》したお金《かね》はもどってきませんが、未成年者《みせいねんしゃ》の課金《かきん》だと、返《かえ》してもらえることがあります。

▼未成年者《みせいねんしゃ》をトラブルから守《まも》るための法律《ほうりつ》

民法《みんぽう》（個人《こじん》の権利《けんり》についてさだめた法律《ほうりつ》）では、**未成年者《みせいねんしゃ》が保護者《ほごしゃ》の同意《どうい》なしに、お金《かね》にまつわる契約《けいやく》をした場合《ばあい》、取《と》り消《け》すことができると決《き》められています。これを「未成年者取消権《みせいねんしゃとりけしけん》」といいます。**

お金《かね》に関《かん》する知識《ちしき》や経験《けいけん》が、大人《おとな》よりも不足《ふそく》し、正《ただ》しい判断《はんだん》ができない可能性《かのうせい》のある未成年者《みせいねんしゃ》を、お金《かね》のトラブルから守《まも》るのが、未成年者取消権《みせいねんしゃとりけしけん》です。

▼課金《かきん》トラブルは特《とく》に判断《はんだん》がむずかしい

ただし、ゲームの課金《かきん》のトラブルでは、未成年者取消権《みせいねんしゃとりけしけん》がみとめられないことがあります。

まず、未成年者《みせいねんしゃ》が課金《かきん》したときに、保護者《ほごしゃ》の同意《どうい》があったかどうかを確認《かくにん》するのが、とてもむずかしいのです。また、ゲームの年齢認証画面《ねんれいにんしょうがめん》において、大人《おとな》であるとうそをついていた場合《ばあい》には、未《み》成年者《せいねんしゃ》の課金《かきん》だったと判断《はんだん》できなくなります。

そのため、ゲームで年齢《ねんれい》を確認《かくにん》する画面《がめん》が出《で》てきたら、正《ただ》しい情報《じょうほう》を入力《にゅうりょく》しましょう。

CASE　保護者《ほごしゃ》のクレジットカードをぬすみ見《み》て……

すきなオンラインゲームで、どうしても課金《かきん》をしたくなったC《シー》さん。保護者《ほごしゃ》に課金《かきん》を禁止《きんし》されていたので、母親《ははおや》がネットショッピングしたときに出《だ》したクレジットカードの番号《ばんごう》を、こっそりメモしておき、ゲームでの課金《かきん》に利用《りよう》しました。そのあとも、「もう一回《いっかい》ぐらいならバレないよね」「あと一回《いっかい》だけならいいよね」と課金《かきん》をくり返《かえ》し、気《き》づくと10万円《まんえん》を超《こ》える課金《かきん》をしてしまったのです。

もし高額《こうがく》な課金《かきん》をしてしまったら……

自分《じぶん》でも気《き》づかずに課金《かきん》をしていたときや、保護者《ほごしゃ》が課金《かきん》に気《き》づいたときには、どうすればいいのでしょうか?

▼かならず保護者《ほごしゃ》に伝《つた》えよう

知《し》らないうちに課金《かきん》していることに気《き》づいたら、ひとりで解決《かいけつ》しようとはせず、まずは保護者《ほごしゃ》に伝《つた》えましょう。課金《かきん》のしくみについてわかっていなかったり、課金《かきん》の金額《きんがく》が大《おお》きなものになったりしていても、かくさずに説明《せつめい》します。

保護者《ほごしゃ》のお金《かね》をこっそり使《つか》ってしまっていた場合《ばあい》でも、正直《しょうじき》に話《はな》しましょう。

▼窓口《まどぐち》に相談《そうだん》しよう

保護者《ほごしゃ》といっしょに、国民生活《こくみんせいかつ》センターや、消費者《しょうひしゃ》ホットライン188番《ばん》などの相談窓口《そうだんまどぐち》に問《と》いあわせてみましょう。

そのときには、どのゲームに課《か》金《きん》したのか、いつ・だれが・どのようなしはらい方法《ほうほう》で課金《かきん》したか、といったことを伝《つた》える必要《ひつよう》があるため、わかる情報《じょうほう》をメモするなどして、整理《せいり》しておきましょう(くわしくは142~143ページへ)。

自分《じぶん》ひとりでなやまず、大人《おとな》に相談《そうだん》しよう

かならず返金《へんきん》されるわけではない

未成年者《みせいねんしゃ》の課金《かきん》トラブルについて、相談員《そうだんいん》が対応《たいおう》できたとしても、お金《かね》が返《かえ》ってこないことがあります。また、お金《かね》が返《かえ》ってきたとしても、一部《いちぶ》しか返金《へんきん》されないことも少《すく》なくありません。

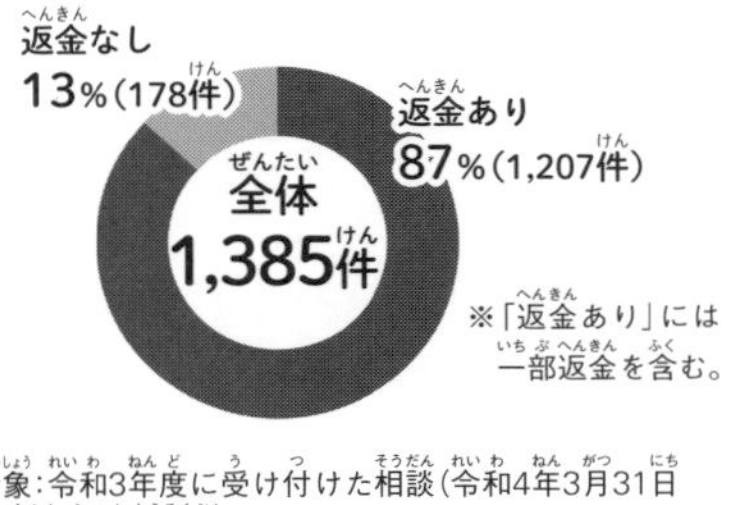
返金《へんきん》なし
13%(178件《けん》)
返金《へんきん》あり
87%(1,207件《けん》)
全体《ぜんたい》
1,385件《けん》
※「返金《へんきん》あり」には一部返金《いちぶへんきん》を含《ふく》む。

※分析対象《ぶんせきたいしょう》:令和《れいわ》3年度《ねんど》に受《う》け付《つ》けた相談《そうだん》(令和《れいわ》4年《ねん》3月《がつ》31日《にち》までのPIO-NET《パイオネット》登録分《とうろくぶん》)。

助言《じょげん》、あっせん後《ご》の返金《へんきん》の有無《うむ》

出典《しゅってん》:『オンラインゲームに関《かん》する消費生活相談《しょうひせいかつそうだん》対応《たいおう》マニュアル(令和《れいわ》4年《ねん》6月《がつ》)』(消費者庁《しょうひしゃちょう》)

課金《かきん》トラブルを防《ふせ》ぐために

課金《かきん》する前《まえ》に考《かんが》えてみよう

「ともだちが課金《かきん》しているから」「ゲームを早《はや》く進《すす》めたいから」といった理由《りゆう》で、課金《かきん》したいと思《おも》ったら、まずは「本当《ほんとう》に課金《かきん》が必要《ひつよう》なのかな？」と考《かんが》えてみましょう。

課金《かきん》でともだちとの関係《かんけい》がよくなり、ゲーム時間《じかん》を節約《せつやく》できるかもしれませんが、それは本当《ほんとう》に課金《かきん》しないとできないことでしょうか。課金《かきん》について考《かんが》えるのをきっかけに、ゲームの楽《たの》しみかたを見直《みなお》してみましょう。

課金《かきん》しなくても楽《たの》しく遊《あそ》べる

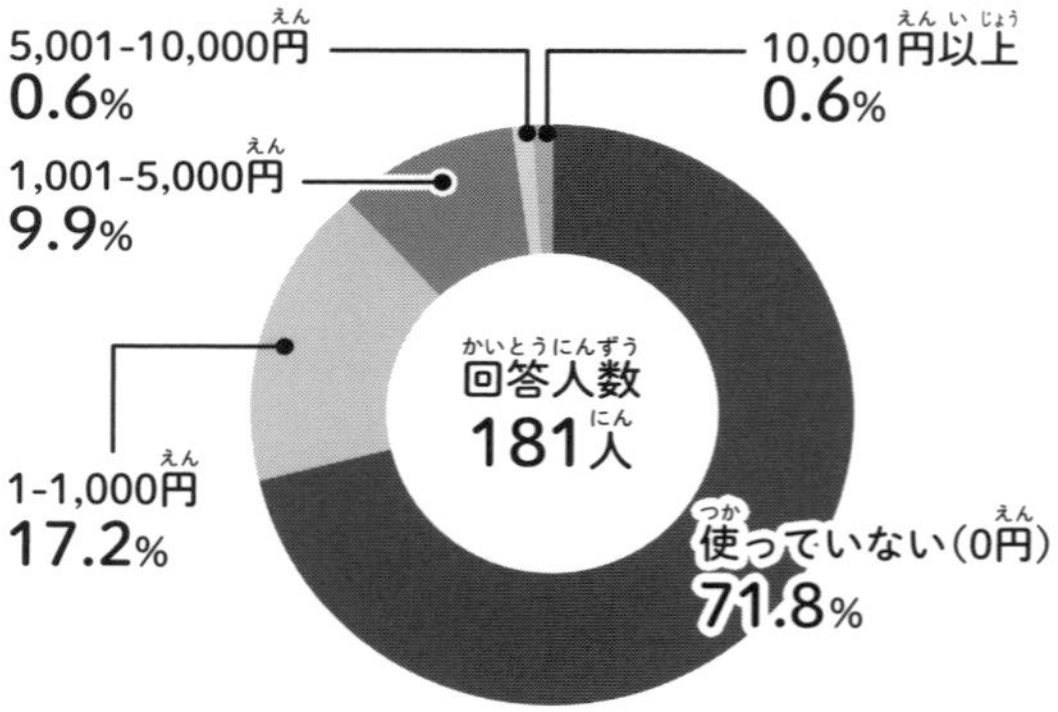

5,001-10,000円《えん》
0.6%
10,001円《えん》以上《いじょう》
0.6%
1,001-5,000円《えん》
9.9%
回答人数《かいとうにんずう》
181人《にん》
1-1,000円《えん》
17.2%
使《つか》っていない（0円《えん》）
71.8%

ゲーム使用金額《しようきんがく》
（【高校生相当《こうこうせいそうとう》～19歳《さい》】月平均使用額《つきへいきんしようがく》）

出典《しゅってん》：『ゲーム障害全国調査報告書《しょうがいぜんこくちょうさほうこくしょ》（令和《れいわ》5年《ねん》3月《がつ》）』（ゲーム障害調査研究会《しょうがいちょうさけんきゅうかい》）

※少数《しょうすう》第《だい》2位《い》を四捨五入《ししゃごにゅう》しているため、合計《ごうけい》が100%にならない場合《ばあい》があります。

高校生相当《こうこうせいそうとう》～19歳《さい》の人《ひと》に、1か月《げつ》でゲームに使《つか》う金額《きんがく》についてアンケート調査《ちょうさ》をおこなったところ、高額《こうがく》な課金《かきん》を毎月《まいつき》している人《ひと》はごくわずかで、7割以上《わりいじょう》の人《ひと》が「使《つか》っていない（0円《えん》）」と答《こた》えました。

つまり、多《おお》くのゲームは無料《むりょう》のままでもじゅうぶんに楽《たの》しく遊《あそ》べるため、かならずしも課金《かきん》が必要《ひつよう》というわけではない、といえそうです。

課金《かきん》したいときは保護者《ほごしゃ》に相談《そうだん》しよう

保護者《ほごしゃ》にかくれてこっそり課金《かきん》すると、トラブルのもとになってしまいます。

ゲームを楽《たの》しむために課金《かきん》したいと思《おも》ったら、自分《じぶん》のおこづかいからしはらうとしてもまずは保護者《ほごしゃ》に相談《そうだん》しましょう。

そのときには、**「なぜ課金《かきん》したいのか」「どんなことに、どれくらいのお金《かね》を課金《かきん》したいのか」を、きちんと伝《つた》えてください。**

Check 保護者《ほごしゃ》も協力《きょうりょく》してトラブルを防《ふせ》ごう

✔「なぜ課金《かきん》したいのか？」を聞《き》こう

子《こ》どもが「課金《かきん》をしたい」といい出《だ》したときには、一方的《いっぽうてき》に「ダメ！」とはいわず、どうして課金《かきん》をしたいのか、話《はなし》を聞《き》きましょう。そのうえで、課金《かきん》をするかどうかを決《き》めるようにします。

理由《りゆう》も聞《き》かずに「ダメ」というと、なっとくできないまま保護者《ほごしゃ》にかくれて課金《かきん》をするなど、トラブルにつながる場合《ばあい》があり、危険《きけん》です。「1か月《げつ》やっても同《おな》じステージをクリアできない」など、課金《かきん》をしていいときのルールを前《まえ》もって決《き》めましょう。

✔クレジットカードのあつかいに注意《ちゅうい》！

保護者《ほごしゃ》のスマホで子《こ》どもにゲームをさせていると、画面《がめん》にのこしていたカード情報《じょうほう》や、決済用《けっさいよう》のID《アイディー》とパスワードを使《つか》って、知《し》らないうちに課金《かきん》してしまうことがあります。

共有《きょうゆう》しているスマホやパソコンには、決済《けっさい》に関《かか》わるクレジットカード番号《ばんごう》やパスワードなどは保存《ほぞん》せず、必要《ひつよう》なときに毎回入力《まいかいにゅうりょく》する設定《せってい》にしましょう。

また、クレジットカードや現金《げんきん》の入《はい》った財布《さいふ》を目《め》につきやすいところに置《お》いたままにしたり、家族《かぞく》で使《つか》う共用《きょうよう》スペースに保管《ほかん》するのはさけてください。保護者《ほごしゃ》が自分《じぶん》の手元《てもと》で管理《かんり》して、利用明細《りようめいさい》や残金《ざんきん》を定期的《ていきてき》にチェックするのがおすすめです。

Episode 2

ちょっとした言葉《ことば》づかいのせいで

チームが
見《み》つかりました！
ぴこん
おっ
よろしくお願《ねが》いし……
足《あし》ひっぱんなよザコ
!?
負《ま》けたら
お前《まえ》のせい
だから
……は?
おい!!
位置《いち》どり
そこじゃねーだろ
うつの
ヘタすぎ!!
こ、こいつ……
がががが
あっ!!

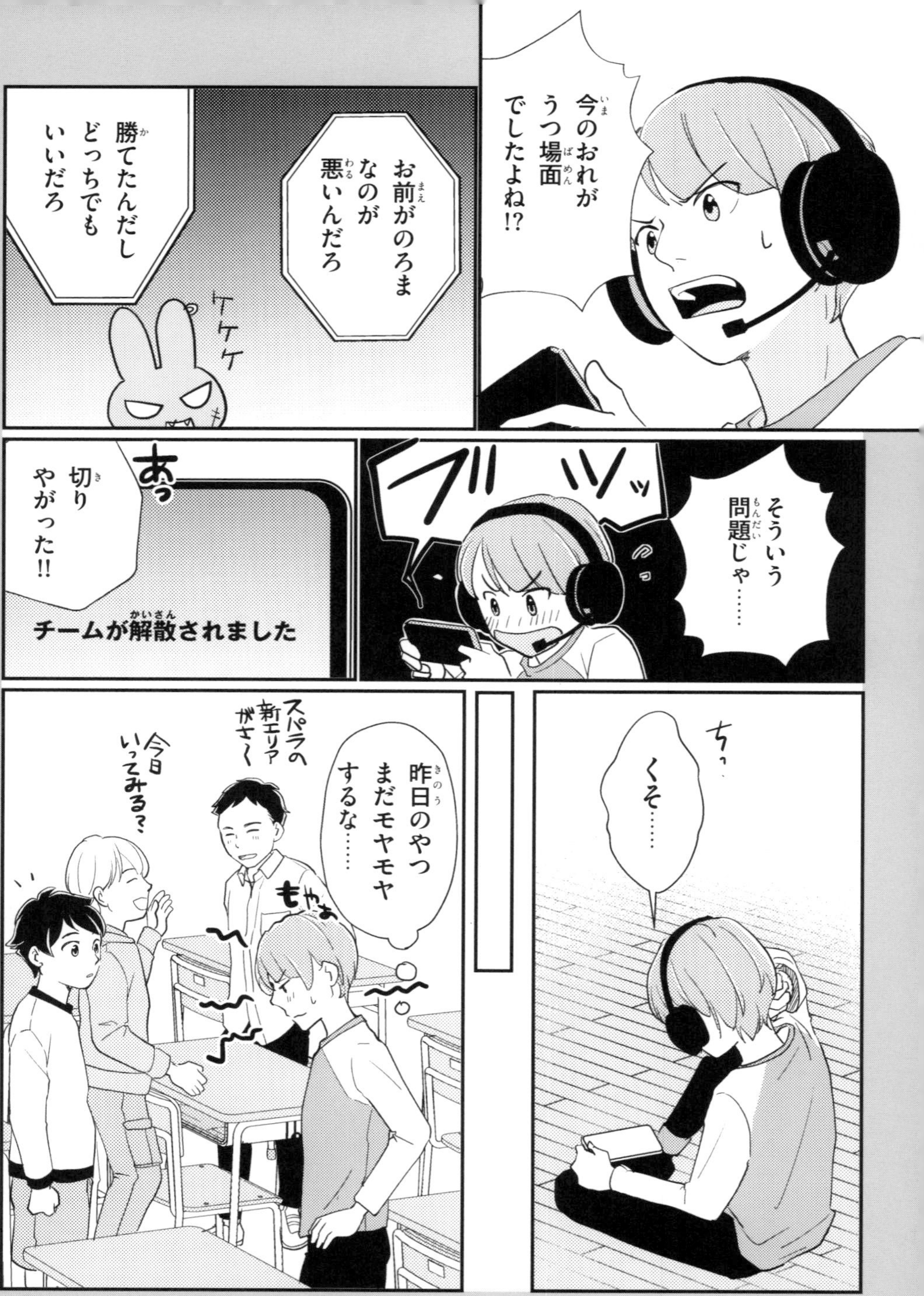

今《いま》のおれが
うつ場面《ばめん》
でしたよね!?
お前《まえ》がのろま
なのが
悪《わる》いんだろ
勝《か》てたんだし
どっちでも
いいだろ
ケケケ
ブ　ツッ
そういう
問題《もんだい》じゃ……
あっ
切《き》り
やがった!!
チームが解散《かいさん》されました
ちっ
くそ……
昨日《きのう》のやつ
まだモヤモヤ
するな……
スパラの
新エリア
がさく
今日
いってみる?
もやぁ

コウ……
おい
コウヘイ
きいてるのか？
ムッ
うるせーな
おれに命令《めいれい》するな！
あっ……
しーん…
いや、
その……
コウヘイ！
今《いま》のはおれが
わるかった……
ごめん
コウヘイと
新《しん》エリアいくの
楽《たの》しみに
してたもんな
今日《きょう》なんか
元気《げんき》ないけど……
大丈夫《だいじょうぶ》？
…
うん……
おれも
ごめん！
大丈夫！

ゲームで守《まも》るべきマナー

ほかの人《ひと》と楽《たの》しく遊《あそ》ぶために

ほかのプレイヤーとつながり、コミュニケーションを取《と》りながらプレイできるのが、オンラインゲームの楽《たの》しみのひとつです。

ゲームのなかでは、プレイヤーたちはキャラクターとして登場《とうじょう》します。しかし、プレイしているのは自分《じぶん》と同《おな》じ「人間《にんげん》」であることをわすれず、相手《あいて》への思《おも》いやりの気持《きも》ちや、自分《じぶん》の気持《きも》ちを言葉《ことば》で伝《つた》えるようにしましょう。

オンラインゲームでのコミュニケーション

何人《なんにん》かで協力《きょうりょく》プレイをするタイプのオンラインゲームでは、プレイヤーどうしでコミュニケーションを取《と》る必要《ひつよう》があります。そのときには、「チャット」という会話《かいわ》のシステムを使《つか》い、文字《もじ》や音声《おんせい》でコミュニケーションを取《と》ります（くわしくは48〜49ページへ）。

▼オンラインゲーム だからこそ注意《ちゅうい》すること

オンラインゲームでは、顔《かお》の見《み》えない相手《あいて》と、言葉《ことば》だけでコミュニケーションを取《と》らなければなりません。そのため、言葉《ことば》の伝《つた》えかたがよくないと、「いやがらせ行為《こうい》」と判断《はんだん》されたり、マナー違反《いはん》と思《おも》われたりして、さまざまなトラブルの原因《げんいん》になります。

なんで オンラインゲームのときは 気《き》をつけなきゃ いけないんだろう？

うまく伝《つた》わらないのはどうして？

私《わたし》たちは、相手《あいて》の表情《ひょうじょう》などから、話《はな》している言葉《ことば》のびみょうな意味《いみ》を読《よ》み取《と》っています。

そのため、同《おな》じ言葉《ことば》でも、意味《いみ》がまったくちがって聞《き》こえることがあるのです。

OK《オーケー》の意味《いみ》
いいよ！
NG《エヌジー》の意味《いみ》
いいよ！

おもしろい！
今のやつなに？
今のやつなに？
え…怒ってる？

例《たと》えば、オンラインゲームのプレイ中《ちゅう》にともだちのキャラクターがおもしろい動《うご》きをしたので、いつも会話《かいわ》しているときと同《おな》じように「今《いま》のやつなに？」とチャットで聞《き》きました。表情《ひょうじょう》などがわからないので、ともだちはちがう意味《いみ》で受《う》け取《と》ってしまいます。

相手《あいて》に「おもしろいね！」と伝《つた》えたいと思《おも》い、「ウケる」「やべぇ」といった、話《はな》しかたで意味《いみ》あいがかわる言葉《ことば》を使《つか》うと、相手《あいて》がかんちがいして、「バカにされた！」と思《おも》ってしまうことがあります。

伝《つた》えたい気持《きも》ちは、「おもしろい！」「すてき！」と、だれにとってもわかりやすい言葉《ことば》で伝《つた》えましょう。

チャット機能《きのう》について

チャットってなに?

チャットは、インターネットなどのネットワーク上《じょう》で、時間差《じかんさ》なしでメッセージをやり取《と》りできるしくみのことです。メールや電話《でんわ》よりも手軽《てがる》で、何人《なんにん》もの人《ひと》と同時《どうじ》に会話《かいわ》ができます。

オンラインゲームでは、おもに文字《もじ》を使《つか》う「テキストチャット」と、音声《おんせい》でやり取《と》りする「ボイスチャット」を使《つか》います。それぞれのチャットを、どのように使《つか》いわけるのでしょうか。

テキストチャット

テキストチャットでは、文字《もじ》や文章《ぶんしょう》でやり取《と》りをします。文字《もじ》をすばやく入力《にゅうりょく》するために、少《すく》ない文字数《もじすう》で気持《きも》ちを伝《つた》えられる「おつ（おつかれさま）」などの略語《りゃくご》が使《つか》われます。文章《ぶんしょう》のかわりに、気持《きも》ちや反応《はんのう》をあらわす「スタンプ」というイラストを送《おく》ることもできます。

かわいいスタンプがあると送《おく》りたくなるよね

▼テキストチャットのいい点《てん》

場所《ばしょ》をえらばずにコミュニケーションができ、内容《ないよう》を文字《もじ》の記録《きろく》としてのこすこともできます。都合《つごう》のいいときに、メッセージの送信《そうしん》や返信《へんしん》をしてもOK《オーケー》です。

▼テキストチャットの悪《わる》い点《てん》

入力《にゅうりょく》に時間《じかん》がかかり、返事《へんじ》をしそびれたり、話題《わだい》についていけなくなったりすることも。また、言葉《ことば》のえらびかたや「!」「?」などの記号《きごう》の使《つか》いかたで、文章《ぶんしょう》の意味《いみ》あいがかわってしまうことがあります。

ボイスチャット

ボイスチャットは、音声《おんせい》でやり取《と》りができるチャットです。

協力《きょうりょく》プレイをするオンラインゲームでは、ボイスチャットを使《つか》ってゲーム中《ちゅう》にメンバーとやり取《と》りをします。

ボイスチャットは、専用《せんよう》のアプリを使《つか》っておこなえますが、オンラインゲームによっては、ボイスチャット機能《きのう》がすでについているものもあります。

▼ボイスチャットのいい点《てん》

ふだんの会話《かいわ》とかわりなく、伝《つた》えたいことをすぐに伝《つた》えられます。遠《とお》くにいる人《ひと》とでも、直接《ちょくせつ》会《あ》っているかのように会話《かいわ》ができるのがいい点《てん》です。

声《こえ》が聞《き》こえるため、テキストチャットよりも、おたがいの気持《きも》ちやようすが伝《つた》わりやすいです。

▼ボイスチャットの悪《わる》い点《てん》

マイクがまわりの音声《おんせい》をひろってしまうと、そこから個人情報《こじんじょうほう》がもれることがあります（くわしくは78〜79ページへ）。

よく考《かんが》えずに発言《はつげん》してしまい、相手《あいて》を傷《きず》つけることや、相手《あいて》の言葉《ことば》に傷《きず》つけられるといったトラブルがうまれやすいです。

Check ボイスチャットで役立《やくだ》つマイク

スマホのスピーカー機能《きのう》を使《つか》ってボイスチャットをすると、まわりの音《おと》をひろってしまい、チャット相手《あいて》に個人情報《こじんじょうほう》が伝《つた》わってしまうことがあります。

こういったトラブルを防《ふせ》ぐためにも、イヤホンについているマイクや、マイクとヘッドホンが一体化《いったいか》した、ゲーム用《よう》ヘッドホンなどを使《つか》うようにしましょう。

また、ゲーム実況《じっきょう》の配信者《はいしんしゃ》などが使《つか》っている「単一指向性《たんいつしこうせい》マイク」であれば、マイク正面《しょうめん》の音《おと》だけをひろうことができるため、自分《じぶん》が話《はな》している声以外《こえいがい》は相手《あいて》に伝《つた》わりにくくなります。

きほんのチャットマナー

きほんは現実《げんじつ》でのマナーと同《おな》じ

オンラインゲームでのチャットには、とくべつなマナーはありません。**あいさつをする、相手《あいて》に感謝《かんしゃ》の言葉《ことば》を伝《つた》えるといった、ふだん学校《がっこう》や公共《こうきょう》の場所《ばしょ》で心《こころ》がけているマナーと同《おな》じ**です。

ただし、チャットでは、相手《あいて》がどんな人《ひと》であるかがわからないこともありますので、**ふだんよりもていねいな言葉《ことば》づかいを心《こころ》がけましょう。**

まずはあいさつから

ふだんの生活《せいかつ》と同《おな》じように、オンラインゲームでもあいさつは大切《せつ》です。最初《さいしょ》に「こんにちは」「よろしくお願《ねが》いします」と伝《つた》えれば、相手《あいて》にいい印象《いんしょう》をもってもらえます。なお、あいさつはテキストチャットでもボイスチャットでも、どちらで伝《つた》えてもＯ《オー》Ｋ《ケー》です。

「ありがとう」と「ごめんなさい」

助《たす》けてもらったときには「ありがとう」、ミスをしてしまったときには「ごめんなさい」と、かならず伝《つた》えましょう。反対《はんたい》に相手《あいて》からいわれたときには、「どういたしまして」「気《き》にしないで」と返《かえ》すのがマナーです。

特《とく》に、ミスをして「ごめんなさい」といっている人《ひと》は落《お》ちこんでいるものです。「大丈夫《だいじょうぶ》だよ」「次《つぎ》がんばろう！」といった、はげます言葉《ことば》をかけましょう。

気《き》をつけたいポイント

チャットでは、おたがいのようすが見《み》えない分《ぶん》、おたがいを思《おも》いやる気持《きも》ちが大切《たいせつ》です。

▼ていねいな言葉《ことば》づかいで話《はな》そう

どんな相手《あいて》に対《たい》しても、失礼《しつれい》にならない言葉《ことば》づかいを心《こころ》がけましょう。たとえランクやレベルが自分《じぶん》より下《した》のプレイヤーであっても、「自分《じぶん》より目上《めうえ》の人《ひと》」だと思《おも》って話《はな》すことが大切《たいせつ》です。

特《とく》に、はじめていっしょにプレイする人《ひと》に、「おまえ」「ねぇ」となれなれしく話《はな》しかけるのはN《エヌ》G《ジー》。悪気《わるぎ》のない言葉《ことば》であっても、相手《あいて》を傷《きず》つけることがあります。

▼プライベートなことは話題《わだい》にしない

「プライベート」とは、年齢《ねんれい》や住所《じゅうしょ》といった、その人《ひと》に関《かか》わる話《はなし》や情報《じょうほう》のことです。

個人《こじん》を特定《とくてい》できる話題《わだい》であるため、プライベートのことを聞《き》かれると、いやな気分《きぶん》になる人《ひと》は少《すく》なくありません。たとえゲームで仲《なか》よくなったとしても、相手《あいて》のことをむやみに聞《き》くのはやめましょう。また、あなた自身《じしん》のプライベートについても、かんたんに教《おし》えないようにしましょう。

Check チャットは「保護者《ほごしゃ》に見《み》せられる」内容《ないよう》に

チャットでは、個人《こじん》を攻撃《こうげき》したり、個人情報《こじんじょうほう》をバラしたりといったトラブルがおこりやすいものです。もしチャットで「変《へん》だな」「いやだな」と思《おも》うメッセージを受《う》け取《と》ったら、ひとりでなやまず、すぐに保護者《ほごしゃ》に伝《つた》えて、内容《ないよう》を確認《かくにん》してもらいましょう（くわしくは81ページへ）。

また、保護者《ほごしゃ》にいつ見《み》られたり、聞《き》かれたりしても問題《もんだい》のない内容《ないよう》を書《か》いたり、話《はな》したりすることを心《こころ》がけると、チャットでのトラブルをさけられるだけでなく、なにかあったときには、保護者《ほごしゃ》に相談《そうだん》しやすくなります。

ほかの人《ひと》とトラブルにならないために

トラブルにつながりやすい行動《こうどう》はしない

トラブルをさけるには、**相手《あいて》がかんちがいするような、まぎらわしい行為《こうい》はやめましょう。**

例《たと》えば、あなたがあるプレイヤーと仲《なか》よくなろうと追《お》いかけまわして、相手《あいて》から「いやがらせはやめて」といわれたとします。

この場合《ばあい》、あなたに悪気《わるぎ》はありませんが、相手《あいて》が「いやだな」と思《おも》ったら、「いやがらせ」と見《み》なされるのです。

いやがらせ行為《こうい》はぜったいにNG《エヌジー》

ほかのプレイヤーをいやな気持《きも》ちにさせる「いやがらせ行為《こうい》」は、オンラインゲームの利用規約《りようきやく》でも禁止《きんし》されていますので、ぜったいにやめましょう。

いやがらせがつづくと、アカウントが停止《ていし》されることもあります（くわしくは107ページへ）。

ゲームやりたくない！
って思《おも》っちゃうよね

いやがらせ行為《こうい》の例《れい》

❶身体的《しんたいてき》なことや、性別《せいべつ》、人種《じんしゅ》・国籍《こくせき》などを、からかったり、差別《さべつ》したりするような発言《はつげん》。

❷ほかのプレイヤーのプレイを、チャットやエモートなどでけなしたり、ミスを大《おお》げさに批判《ひはん》したりする「あおり行為《こうい》」。

❸相手《あいて》の名前《なまえ》や住所《じゅうしょ》といった個人《こじん》情報《じょうほう》を聞《き》き出《だ》してネットにさらしたり、おどしたりする犯罪《はんざい》にあたる行為《こうい》。

ゲームのことを教《おし》えてほしいとき

ゲームを進《すす》めていくうちに、わからないことが出《で》てきたからといって、すぐにほかのプレイヤーに教《おし》えてもらおうとするのは、いいマナーとはいえません。

質問《しつもん》に答《こた》えてもらうために、相《あい》手《て》に時間《じかん》や手間《てま》をかけさせることにもなり、何度《なんど》も質問《しつもん》すると相手《あいて》にうんざりされてしまいます。

▼まずは自分《じぶん》で調《しら》べてみよう

ゲームでわからないことがあったら、まずは自分《じぶん》で調《しら》べてみましょう。**ネットにある攻略法《こうりゃくほう》や、ゲームのプレイ動画《どうが》を見《み》たりするのがおすすめです。**調《しら》べて答《こた》えがわかると、「自分《じぶん》でできた！」とうれしくなります。「もっといい方法《ほうほう》があるかも？」と考《かんが》えても楽《たの》しいです。

▼どうしてもわからないことを聞《き》いてみよう

自分《じぶん》で調《しら》べてみても、わからない部分《ぶぶん》があったときには、ほかのプレイヤーに聞《き》いてみましょう。**ゲームプレイが落《お》ち着《つ》いたタイミングで、「ゲームの○○の方法《ほうほう》について、教《おし》えてもらえますか？」とたずね、「いいよ」といってもらえたら、質問《しつもん》をします。**

そのときに、自分《じぶん》でどこまで調《しら》べたのかを伝《つた》えれば、どんなことを教《おし》えてほしいのかが、相手《あいて》に伝《つた》わりやすくなります。

CASE

「アイテムをください」とお願《ねが》いをしつづけたら……

あるオンラインゲームのプレイヤーである小学《しょうがく》6年生《ねんせい》のD《ディー》さんは、アイテム集《あつ》めがめんどうで、フレンド登録《とうろく》しているプレイヤーに、アイテムをギフトとして送《おく》ってもらおうと考《かんが》えました。最初《さいしょ》のうちは、みんながアイテムをゆずってくれたのですが、何度《なんど》も「ください」とお願《ねが》いしていたら、「いやがらせ行為《こうい》」として通報《つうほう》されてしまいました。

ともだちどうしでトラブルになったら

「いやだ」とはっきり伝《つた》えよう

オンラインゲームでは、仲《なか》のいいともだちともトラブルになることがあります。ともだちにいやがらせ行為《こうい》をされていると感《かん》じたら、相手《あいて》に「そういうことはやめてほしい」とはっきり伝《つた》えます。

また、あなたがともだちから「そういうことはやめて」といわれたら、あなた自身《じしん》にはいやがらせをしている気《き》がなかったとしても、「ごめんね」とあやまりましょう。

伝《つた》えかたのポイント

「いやだ」というあなたの気持《きも》ちを、相手《あいて》に正《ただ》しく伝《つた》えられる話《はな》しかたを覚《おぼ》えておきましょう。

▼なにがいやなのか具体的《ぐたいてき》に伝《つた》える

「いやだ」というだけでなく、「そういうことは、私《わたし》はとてもいやなのでやめてほしい」といったように、**「私《わたし》（ぼく）」が「どのようなこと」をいやなのかを、わかりやすく伝《つた》えましょう。**相手《あいて》も「ああいうことをやるとダメなのか」と気《き》づきやすくなります。

▼言葉《ことば》づかいに気《き》をつけて伝《つた》える

「いやだ」と伝《つた》えるときは、言《こと》葉《ば》づかいに気《き》をつけましょう。

「いやだっていってんだろ」といった乱暴《らんぼう》ないいかたや、「いやなんだけど……」といったつめたい伝《つた》えかたでは、トラブルは解決《かいけつ》せず、おたがいにいやな気持《きも》ちのままになってしまいます。**「いやです」「やめてほしいです」と、ていねいな言葉《ことば》で伝《つた》えることがとても大切《たいせつ》です。**

学校《がっこう》のともだちなら直接話《ちょくせつはな》してみよう

チャットで、自分《じぶん》の気持《きも》ちをうまく伝《つた》えられないと感《かん》じたり、ともだちの言葉《ことば》の意味《いみ》をつかめなかったりしたときは、直接会《ちょくせつあ》って話《はな》してみましょう。

対面《たいめん》で話《はな》すと、おたがいの表情《ひょうじょう》やようすがわかるので、おたがいの気持《きも》ちが伝《つた》えやすいです。

こまったら大人《おとな》に相談《そうだん》してみよう

トラブルがおこったら、保護者《ほごしゃ》や学校《がっこう》の先生《せんせい》に相談《そうだん》しましょう。特《とく》にお金《かね》のことや、学校《がっこう》でもいやがらせがおきている場合《ばあい》には、できるだけ早《はや》く相談《そうだん》しましょう。

先生《せんせい》に相談《そうだん》するときには、「相談《そうだん》したいことがあるので、放課後《ほうかご》に聞《き》いてもらえますか？」とお願《ねが》いし、ほかの人《ひと》がいない場所《ばしょ》で話《はなし》を聞《き》いてもらいましょう。

話《はな》したいことを
メモに書《か》いておくと
相談《そうだん》しやすいよ

CASE ランクの低《ひく》いともだちを仲間《なかま》はずれに

参加《さんか》しているオンラインゲームで、かなり高《たか》いランクにいる小学《しょうがく》6年生《ねんせい》のE《イー》くん。ランクの低《ひく》い人《ひと》を仲間《なかま》はずれにしようと、ほかのともだちをまきこみ、みんなでフレンド登録《とうろく》を解除《かいじょ》したり、マッチングしたときには、「キック」で追《お》い出《だ》したりしています。E《イー》くんのやることがだんだんいやになったともだちは、みんなE《イー》くんと遊《あそ》ぶのをやめてしまいました。

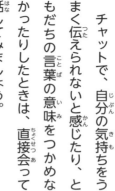

Episode 3

すきなだけ遊《あそ》ぶよりも

本当《ほんとう》にはやっているんだなーそのオンラインゲーム
川田先生《かわたせんせい》
カワセンもスパラ知《し》ってるの?
カワセンはやめなさい
あと敬語
先生《せんせい》の子《こ》どもがやりたがっているんだが……
いろいろと心配《しんぱい》でな～
お母《かあ》さんと同《おな》じこといってる!
わたしのお父《とお》さんも同《おな》じこといってました
どこの家《いえ》もそうなんだなあ
ちょっと安心…

みんなの家《いえ》にはどんなルールがあるんだ？
おれの家《いえ》は
①兄《にい》ちゃんに教《おそ》わりながらやる
②1日《にち》3戦《せん》まで
③20時《じ》にはおわらせる！
だよ
兄ちゃんといっしょに決めたんだ
お、ヨシノリ元気《げんき》か？
兄《にい》ちゃん知《し》ってるんですか？
元教《もとおし》え子《ご》だよ担任《たんにん》だったんだ
立派になったな〜
わたしの家《いえ》は
①宿題《しゅくだい》がおわってから
②知《し》らない人《ひと》とはフレンドにならない
③平日《へいじつ》は3戦《せん》、土日《どにち》は5戦《せん》
とかかな
わたしも自分で決めたよ！
やっぱりどこもいろいろなルールがあるな

同《おな》じなのは2人《ふたり》とも自分《じぶん》で決《き》めたってところだな
あ
いわれてみればたしかに！
自分《じぶん》で決《き》めると守《まも》ろう！って思《おも》えるのかも
ゲームの前《まえ》に宿題《しゅくだい》やるようにしたらわすれなくなったな〜
きのうも…
宿題がおわったらゲーム…おわったらゲーム…
えっ
き、きのう宿題《しゅくだい》あったっけ
ダラダラダラ
あるよ算数《さんすう》ドリルの12ページ
きょうこたえ合わせだよ
算数ドリル① 5年生
ぴくっ
まさかやってないのか……？
ゴゴゴゴゴゴ
すぐやります!!
ご、ごめんなさいー!!

遊《あそ》ぶときのルールを考《かんが》えよう

ゲームをはじめる前《まえ》にルールを決《き》めよう

オンラインゲームをはじめようと思《おも》ったら、まずは「プレイのためのルール」をつくりましょう。

「プレイ時間《じかん》は1日《にち》に何分《なんぷん》?」「土日《どにち》はどうする?」「ともだちが遊《あそ》びに来《き》たときには?」といったことを、**自分《じぶん》ひとりではなく、保《ほ》護者《ごしゃ》と相談《そうだん》して決《き》めましょう。**

決《き》めたルールはかならず守《まも》らなければならないので、**自分《じぶん》が守《まも》れるルールにすることも大切《たいせつ》**です。

ルールはトラブルから身《み》を守《まも》るためにある

「ゲームをするのに、どうしてルールが必要《ひつよう》なんだろう?」と思《おも》う人《ひと》もいるのではないでしょうか。たしかにゲームは自由《じゆう》に楽《たの》しむものではありますが、ルールを決《き》めないと、ここまでで紹介《しょうかい》したようなトラブルにまきこまれやすくなるのです。

つまり**ルールは、自分《じぶん》をトラブルから守《まも》り、楽《たの》しくゲームをするために必要《ひつよう》なもの**なのです。

CASE ルールを決《き》めずにはじめるのは危険《きけん》

ゲームのルールは、新《あら》たにゲームをはじめる前《まえ》に決《き》めれば、子《こ》どもが「ルールがなかったときのほうがよかった」といった不満《ふまん》をもたずにすみます。また、ルールを決《き》めずに子《こ》どもまかせにして、とちゅうから保護者《ほごしゃ》の都合《つごう》でゲームを禁止《きんし》したりするのは、親子《おやこ》の信頼関係《しんらいかんけい》を傷《きず》つけることにもなります。

ルールづくりのポイント

ゲームに関《かん》するルールをつくるときには、次《つぎ》の2つのポイントについて考《かんが》えてみましょう。

▼保護者《ほごしゃ》と相談《そうだん》して決《き》めよう

ゲームについてのルールを決《き》めるには、まずは自分《じぶん》でルールを考《かんが》えてから、保護者《ほごしゃ》にもどんなルールが必要《ひつよう》か聞《き》いてみましょう。

例《たと》えば、あなたが「ゲームは毎《まい》日《にち》1時間《じかん》したい」と思《おも》っても、保《ほ》護者《ごしゃ》は「30分《ぷん》だけ」と思《おも》っているかもしれません。その場合《ばあい》、きちんと話《はな》しあって、「平日《へいじつ》は30分《ぷん》で、土日《どにち》は1時間《じかん》にしよう」といった、おたがいになっとくできるルールを見《み》つけることが大切《たいせつ》です。

▼知《し》らない人《ひと》とつながるのはしんちょうに

いろいろな国《くに》や地域《ちいき》に住《す》んでいるプレイヤーと出会《であ》えるのは、オンラインゲームの楽《たの》しさのひとつです。しかし、知《し》らないプレイヤーと遊《あそ》んだり、「フレンド機能《きのう》」でつながったりすることが、トラブルの原因《げんいん》になることもあります。

トラブルをさけるためにも、「知《し》らない人《ひと》との対戦《たいせん》はOK《オーケー》だけど、フレンド登録《とうろく》はNG《エヌジー》」のように、ほかの人《ひと》とのつきあいかたのルールも決《き》めておきましょう。

どうしてこういう
ルールにしたいのか、
言葉《ことば》にして伝《つた》える
ことが大切《たいせつ》だな

Check　ともだちの家《いえ》のルールとくらべてしまったら……

ゲームのルールを決《き》めると、「ともだちの家《いえ》では、プレイ時間《じかん》が長《なが》いのに……」と、うらやましく思《おも》うこともあるのではないでしょうか。そんなときには、「どうしてうちでは○分《ふん》しかプレイできないの？」と、保護者《ほごしゃ》にあらためて確認《かくにん》してみましょう。保護者《ほごしゃ》はあなたに勉強《べんきょう》もがんばってほしかったり、あなたの健康《けんこう》を考《かんが》えたりして、ルールを決《き》めているはずです。

もし、どうしてもルールをかえてほしいときは、「お手伝《てつだ》いしたらプラス10分《ぷん》にしてもいい？」といったように、保護者《ほごしゃ》に相談《そうだん》してみてください。

モデルケースから考《かんが》えてみる

ここでは、ゲームのルールの決《き》めかたについて、モデルケースを2つ紹介《しょうかい》します。

どのようにルールを決《き》めていいかまよったり、自分《じぶん》にあったルールがどのようなものかがわからなかったりしたときには、参考《さんこう》にしてみてください。

モデルケースをまねて、まったく同《おな》じルールをつくってもかまいません。その場合《ばあい》、**こまかい部分《ぶぶん》で「自分《じぶん》にあわないな」と思《おも》ったら、内容《ないよう》をアレンジしたり、ルールを追加《ついか》したりして、自分《じぶん》にあったルールをつくってみましょう。**

小学校高学年向《しょうがっこうこうがくねんむ》けのルール例《れい》

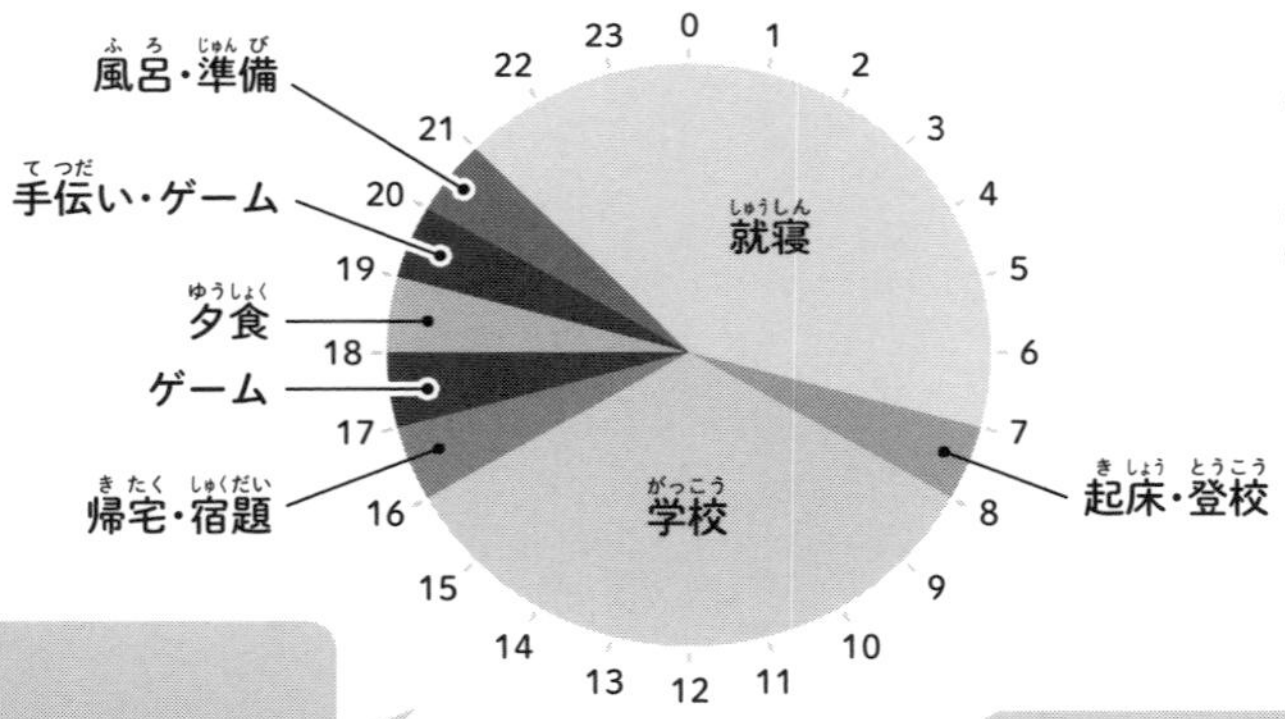

0 1 2 3 4 5 6 7 8 9 10 11 12 13 14 15 16 17 18 19 20 21 22 23
就寝《しゅうしん》
起床《きしょう》・登校《とうこう》
学校《がっこう》
帰宅《きたく》・宿題《しゅくだい》
ゲーム
夕食《ゆうしょく》
手伝《てつだ》い・ゲーム
風呂《ふろ》・準備《じゅんび》

ルール

1. かならずリビングでプレイする
2. 手伝《てつだ》いをしたら30分追加《ぶんついか》
3. プレイできるのは20時《じ》まで

ひとりでプレイするパズルゲームがすき。最近《さいきん》は風呂《ふろ》そうじや皿《さら》あらいでかつやく。

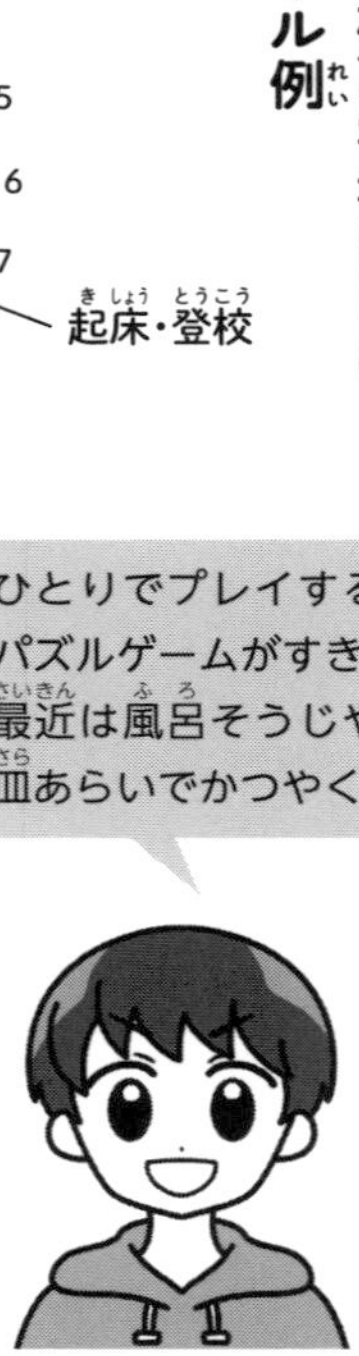

保護者《ほごしゃ》が「家族《かぞく》の目《め》がとどく場所《ばしょ》でプレイしてほしい」「夜《よ》ふかしはダメ」といったため、かならずリビングでプレイすることと、プレイは20時《じ》までであることをルールにしました。

プレイ時間《じかん》を多《おお》くしたいことを保護者《ほごしゃ》に伝《つた》えたところ、「お手伝《てつだ》いをしたら30分《ぷん》プラスしてもいい」といってもらえたため、ルールにくわえました。

中学生《ちゅうがくせい》向《む》けのルール例《れい》

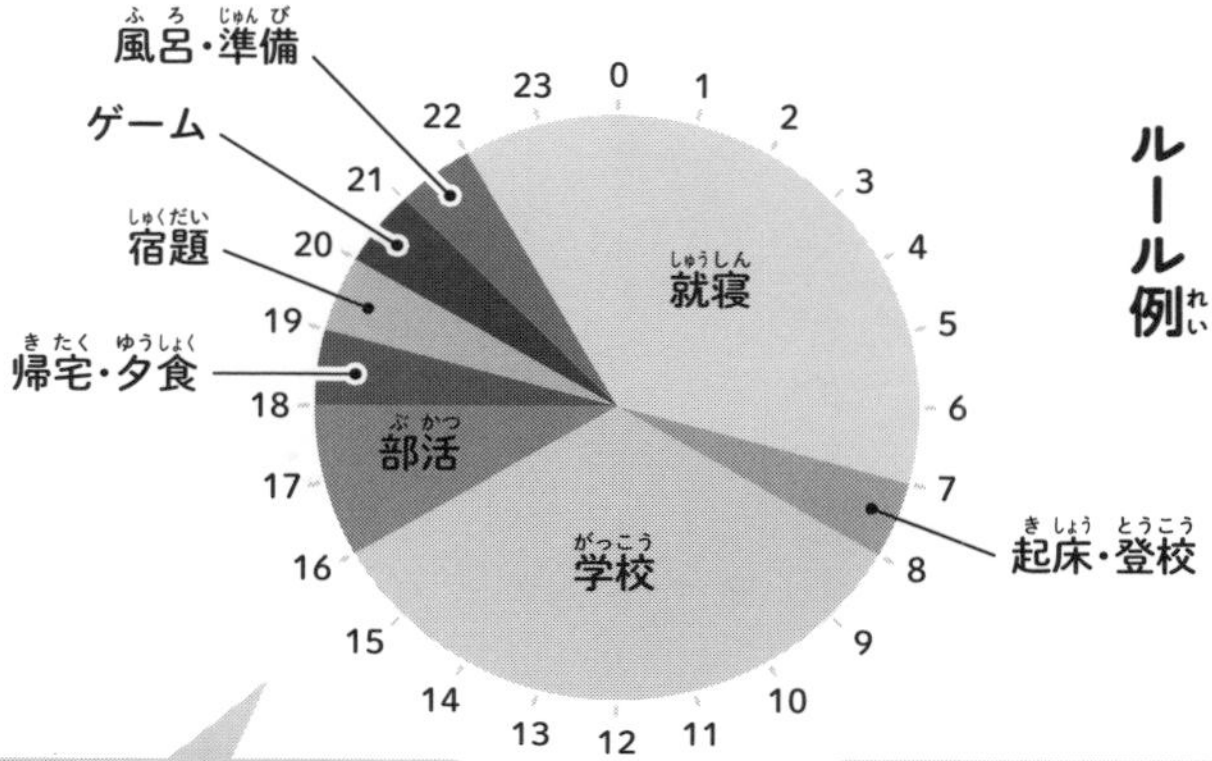

ルール

1. 1日《にち》3試合《しあい》まで
2. 宿題《しゅくだい》がおわってからプレイする
3. テスト前《まえ》は減《へ》らして、テストがおわったら増《ふ》やす

ともだちと協力《きょうりょく》・対戦《たいせん》プレイできるサッカーゲームがすき。今《いま》はテスト3日《か》前《まえ》。

1日《にち》にプレイできる試合《しあい》数《すう》をルールで決《き》めました。高校受験《こうこうじゅけん》のための勉強《べんきょう》も必要《ひつよう》なため、かならず宿題《しゅくだい》をやったあとにプレイすることにしました。

「テスト前《まえ》は勉強《べんきょう》に集中《しゅうちゅう》してほしい」と保護者《ほごしゃ》からいわれたため、テスト前《まえ》にはプレイできる試合数《しあいすう》を減《へ》らし、テストがおわったら多《おお》めにプレイできるようにしました。

ゲームの内容《ないよう》にあわせて考《かんが》える

例《たと》えば、10分《ぷん》ほどでおわるパズルゲームと、1～2時間《じかん》かかるゲームでは、楽《たの》しみかたがちがいます。それなのに、同《おな》じように「1日《にち》30分《ぷん》まで」と決《き》めてしまうと、ゲームを楽《たの》しめなくなり、ルールも守《まも》れなくなります。

ゲームのルールは、ゲームの特徴《とく》をふまえて、守《まも》りやすいものをつくるようにしましょう。

子《こ》どもの希望《きぼう》、保護者《ほごしゃ》の希望《きぼう》、ゲームの特徴《とくちょう》でルールが決《き》められるわけだな

ルールを決《き》めたらちゃんと守《まも》る

大切《たいせつ》なのはルールを「つくったあと」

ゲームのルールをつくったら、それで「おしまい」というわけではありません。大切《たいせつ》なのは、つくったルールを守《まも》ることです。

ルールを守《まも》れているかどうかは、自分《じぶん》ではなかなかチェックしにくいものです。**守《まも》れているかどうかを、期間《きかん》を決《き》めて保護者《ほごしゃ》と確認《かくにん》しましょう。**また、ペナルティがある場合《ばあい》も、ルールといっしょに確認《かくにん》しておきます。

保護者《ほごしゃ》と協力《きょうりょく》しよう

ルールは言葉《ことば》だけの約束《やくそく》でおわらせず、紙《かみ》に書《か》いて保護者《ほごしゃ》の見《み》えるところにはり、確認《かくにん》できるようにしておきましょう。

例《たと》えば、紙《かみ》にルールを書《か》き、その横《よこ》にチェックらんをつくれば、毎日《まいにち》ルールを守《まも》れているかの確認《かくにん》を、保護者《ほごしゃ》にしてもらうことができます。

反対《はんたい》に、守《まも》れていないルールを見《み》つけることもできるため、ルールを見直《みなお》すときにも役立《やくだ》ちます。

ルールを守《まも》れなかったときのペナルティ

「ペナルティ」は、ルールを破《やぶ》ったときにあたえられる罰《ばつ》のことです。ゲームのルールにペナルティをもうけるならば、それぞれのルールといっしょに決《き》めます。

例《たと》えば、「プレイ時間《じかん》を守《まも》れなかったら、1週間《しゅうかん》プレイ時間《じかん》を減《へ》らす」と、どのルール違反《いはん》に対《たい》し、どのようなペナルティがあるのかを決《き》めておきましょう。

▼ペナルティを決《き》めるときのポイント

ルールがきびしくても、ペナルティがきびしくないと、ルールを守《まも》ろうとは思《おも》えなくなります。

ルールはある程度《ていど》ゆるいものでもかまいませんが、ルールを守《まも》りたくなるように、ペナルティはきびしめにしましょう。

ペナルティの例《れい》としては、「スマートフォンやゲーム機《き》を保護者《ほごしゃ》があずかる」「使《つか》うのを禁止《きんし》する」などがあります。

▼ペナルティで決《き》めたことはかならずおこなう

どんなペナルティにするかは、ルールと同《おな》じように保護者《ほごしゃ》と相談《そうだん》して決《き》めましょう。また、ルールをやぶったときには、ペナルティはかならずおこないましょう。「次《つぎ》から気《き》をつける」とその場《ば》の考《かんが》えでペナルティをなくすと、ルールが守《まも》れなくなってしまいます。

CASE ペナルティを決《き》めてもおこなわないと……

ある日《ひ》、中学《ちゅうがく》2年生《ねんせい》のF《エフ》くんは、「ゲームは1日《にち》1時間《じかん》だけ」というルールをやぶり、2時間《じかん》ゲームをしました。「ルールを破《やぶ》ったら3日間《かかん》ゲーム禁止《きんし》」というペナルティがあるにもかかわらず、保護者《ほごしゃ》に「今日《きょう》だけはゆるしてあげる」といわれたせいで、そのあとも「ルールをやぶってもゆるしてもらえばいいや」と思《おも》うようになり、平気《へいき》でルールをやぶるようになりました。

ルールはときどき見直《みなお》そう

見直《みなお》しはルールを守《まも》るためにも大切《たいせつ》

ルールは守《まも》るべきものですが、ずっと同《おな》じルールでもいいとは限《かぎ》りません。ゲームの進《すす》みぐあいや年齢《ねんれい》にあわせて、見直《みなお》す必要《ひつよう》があります。もし見直《みなお》しをしないと、ルールにむりやりあわせながらプレイしなければならず、ゲームを楽《たの》しめなくなってしまいます。

ルールを見直《みなお》すときには、決《き》めるときと同《おな》じように、保護者《ほごしゃ》としっかり話《はな》しあいましょう。

見直《みなお》すタイミング

▼はじめた直後《ちょくご》

新《あたら》しいゲームをはじめる前《まえ》にルールを決《き》めて、じっさいにゲームをプレイしてみると、ルールとかみあわないところが出《で》てくる場合《ばあい》があります。

そのときは、ゲームの特徴《とくちょう》にあわせてルールをかえましょう。

▼トラブルがおきたタイミング

ゲームのなかでトラブルがおきたときには、同《おな》じようなトラブルがおこらないように、ルールを見《み》直《なお》す必要《ひつよう》があります。

そのときには、なぜトラブルがおこってしまったのか、どうしたらトラブルを防《ふせ》げたのかを保護者《ほごしゃ》といっしょに考《かんが》え、ルールを見直《みなお》しましょう。

遊《あそ》んでいるゲームのジャンルがかわったときも見直《みなお》してもいいかも

ゲームを楽《たの》しめるルールなら守《まも》りやすい

ゲームに必要《ひつよう》な時間《じかん》と、ルールで決《き》められたプレイ時間《じかん》があっていないと、ルールが守《まも》りにくくなります。ルールはゲームを楽《たの》しく、安全《あんぜん》にプレイするためのものです。守《まも》りにくさを感《かん》じたら、ルールを見直《みなお》すようにしましょう。

いいルールをつくるためには

最初《さいしょ》に決《き》めたルールが、もっともいいルールであるとは限《かぎ》りません。いざルールにあわせてゲームをしてみると、「なんか変《へん》だな」と思《おも》う部分《ぶぶん》が出《で》てくるものです。

つまりルールは、「つくっておわり」ということではなく、ルールを守《まも》ってプレイしてみて、おかしな部分《ぶぶん》を直《なお》しながら、いいものにしていく必要《ひつよう》があるのです。

Check ルールをきびしくするときはよく相談《そうだん》する

子《こ》どもがルールを守《まも》れなかったり、ゲームのなかのトラブルにまきこまれてしまったりしたとしても、保護者《ほごしゃ》が一方的《いっぽうてき》にルールをかえるのは、いい方法《ほうほう》とはいえません。ルールというのは、そもそも「守《まも》るべきもの」です。それを勝手《かって》にかえるとなれば、「ルールはかえてもかまわないんだ」と子《こ》どもは思《おも》ってしまいます。

どうしてもルールをかえたいときには、「なぜルールをかえる必要《ひつよう》があるのか」「かえることによって、子《こ》どもにどんないいことがあるのか」といったことを、子《こ》どもにていねいに伝《つた》えるようにしましょう。

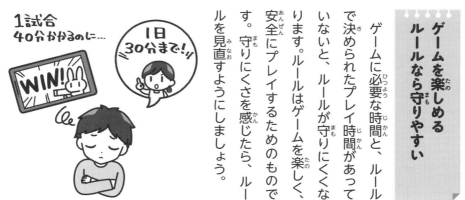

Column

「暗黙《あんもく》のルール」ってなに？

ゲーム会社《がいしゃ》に決《き》められたルールや、家《いえ》で決《き》めるルールのほかに、
気《き》をつけたいのが「暗黙《あんもく》のルール」です。

▶▶ いわれなくてもみんなが守《まも》っているルール

言葉《ことば》でいわれたり、利用規約《りようきやく》に書《か》かれたりしていなくても、ゲームのプレイヤーが守《まも》っているルールを「暗黙《あんもく》のルール」といいます。暗黙《あんもく》のルールはゲームによってさまざまで、知《し》っておくとプレイ中《ちゅう》のトラブルを防《ふせ》げます。遊《あそ》ぶ前《まえ》にネットで調《しら》べるか、くわしいともだちに聞《き》くことをおすすめします。

▶▶ なぜ暗黙《あんもく》のルールができるのか

例《たと》えば、自分《じぶん》ががんばってたおした敵《てき》の報酬《ほうしゅう》を、ほかの人《ひと》に取《と》られたらいやな気持《きも》ちになります。そのため、トラブルを防《ふせ》ぐために「報酬《ほうしゅう》はたおした人《ひと》がもらう」などの暗黙《あんもく》のルールがつくられます。気《き》づかずにルールをむししてしまったときには、素直《すなお》にあやまりましょう。

第《だい》3章《しょう》

トラブルから身《み》を守《まも》ろう

ルールやマナーを守《まも》って遊《あそ》んでいても、トラブルにまきこまれる可能性《かのうせい》はゼロにはなりません。そのため、どのようなトラブルがおきるのか、トラブルがおきたらどうすればよいのか、わかっておくことが大切《たいせつ》です。

Episode 4

同《おな》い年《どし》といわれたのに

ハルちゃん、今度《こんど》のスパラのイベントいく？
スパラのイベント？
今週末《こんしゅうまつ》にとなり駅《えき》のイベントホールでやるんだよ
だれでも無料《むりょう》で参加《さんか》できるんだって
SRT
限定グッズ
等身大キャラとさつえい
たのしそう!!
そんなイベントやるんだ！知《し》らなかった
ハルちゃんもいっしょにいこうよ！
フレンドさんがハルちゃんにも会《あ》いたいって！
アキちゃんといっしょにいくのはいいけど……

そのフレンドさんってだれ？同《おな》じ学校《がっこう》の人《ひと》……じゃないよね？
ちがうよー この前《まえ》オンラインでフレンドになった人《ひと》！
だ、大丈夫《だいじょうぶ》なのかな……？
大丈夫《だいじょうぶ》だって！
この前《まえ》チャットで同《おな》い年《どし》だっていってたよ
しかも女の子
ほ、本当《ほんとう》なのかな……!?
あ、ごめん ママによばれたからいかなきゃ
日曜日《にちようび》は10時《じ》に駅前集合《えきまえしゅうごう》ね！
またね！
あっ……
うーん……

イベント当日《とうじつ》
ザワザワ
人《ひと》が多《おお》いね……！
ね！
フレンドさんとはこのあたりで待《ま》ち合《あ》わせなんだけど
アキちゃんとハルちゃん？
あ……
ナツです！探《さが》してたよ
えっ!?同《おな》い年《どし》のはず……！
そんなことよりこっちで遊《あそ》ぼうよ
わっ!!
っ……！
どうしよう、こわくて声《こえ》が出《で》ない……！

だれか……!
なに?
ザワザワ
警備員《けいびいん》さん!!
ここに変《へん》な人《ひと》がー!!
は!?
ぱっ
て
2人《ふたり》ともこっち!
えっ、トラブル?
人《ひと》ごみにまぎれて外《そと》に出《で》よう!
ここまでくれば大丈夫《だいじょうぶ》かな……?
2人《ふたり》とも大丈夫《だいじょうぶ》だった?
なんかヤバそうだったけど…
ナオキが急《きゅう》に走《はし》るからなにかと思《おも》ったよ
間一髪…
こ……こわかった……
あーあ
ナオキが泣《な》かせた
おれじゃないよ!?
ありがとう…

ゲームを悪用《あくよう》したトラブル

犯罪《はんざい》に利用《りよう》されるオンラインゲーム

オンラインゲームは、住《す》んでいるところや性別《せいべつ》、年齢《ねんれい》などに関係《かんけい》なく、多《おお》くの人《ひと》に人気《にんき》です。ゲームのイベントや大会《たいかい》がおこなわれるなど、プレイヤーどうしが交流《こうりゅう》できる場《ば》も増《ふ》えています。

一方《いっぽう》で、ほかのプレイヤーの個《こ》人情報《じんじょうほう》を聞《き》き出《だ》したり、さそい出《だ》して犯罪《はんざい》にまきこんだりと、オンラインゲームを利用《りよう》したトラブルも増《ふ》えているのです。

なぜ悪《わる》いことに使《つか》われてしまうのか？

プレイヤーどうしの交流《こうりゅう》が多《おお》いため、**相手《あいて》ときょりが近《ちか》くなりやすい点《てん》で悪用《あくよう》されます。**

▼相手《あいて》がうそをついていてもわからない

相手《あいて》のプロフィールなどが、すべて本当《ほんとう》であるとは限《かぎ》りません。しかし仲《なか》よくなると、相手《あいて》のことをすべて信《しん》じてしまい、知《し》らず知《し》らずに悪《わる》いことにまきこまれてしまうことがあります。

▼相手《あいて》に親《した》しみをもちやすい

いつもゲームでいっしょに遊《あそ》ぶと、相手《あいて》をともだちであるかのように感《かん》じます。やがて、「ともだちがいっていることだから」と、相手《あいて》のいうがままに、悪《わる》いことをしてしまうことがあります。

▼相手《あいて》をさそい出《だ》しやすい

アイテムをくれるなど、親切《しんせつ》にしてくれる相手《あいて》から「会《あ》おう」といわれると、会《あ》いにいきたくなりませんか？　これは、親切《しんせつ》にすることで警戒心《けいかいしん》をなくさせ、さそい出《だ》している可能性《かのうせい》があるのです。

小《しょう》・中学生《ちゅうがくせい》がまきこまれやすいトラブル例《れい》

インターネットやスマホのトラブルとして、個人情報《こじんじょうほう》を特定《とくてい》されたり、それをもとにおどされたりといった、ほかの人《ひと》との「交友関係《こうゆうかんけい》」に関《かん》するものが多《おお》く見《み》られます。

また、保護者《ほごしゃ》にだまって高額《こうがく》な課金《かきん》をしていることや、スマホやゲームに熱中《ねっちゅう》しすぎる「依存《いぞん》」になっていることも、トラブルとして相談《そうだん》がよせられていますが、こちらは保《ほ》護者《ごしゃ》からの相談《そうだん》であることが多《おお》いです。

相談内容《そうだんないよう》の代表例《だいひょうれい》

出典《しゅってん》：『ネット・スマホのなやみを解決《かいけつ》「こたエール」令和《れいわ》3年度《ねんど》相談実績《そうだんじっせき》』（都民安全推進部《とみんあんぜんすいしんぶ》）

相談内容《そうだんないよう》	説明《せつめい》
交友関係《こうゆうかんけい》	「個人情報《こじんじょうほう》を教《おし》えてしまい特定《とくてい》される」「おどすようなことをいわれた」など、人《ひと》との関《かか》わりのなかでおきたトラブルに関《かん》する相談《そうだん》。
料金関係《りょうきんかんけい》	オンラインゲームへの課金《かきん》などに関《かん》する相談《そうだん》。本人《ほんにん》ではなく、保護者《ほごしゃ》からの相談《そうだん》が多《おお》い。
依存《いぞん》	スマートフォンなどへの依存《いぞん》に関《かん》する相談《そうだん》。「料金関係《りょうきんかんけい》」と同《おな》じく、本人《ほんにん》ではなく保護者《ほごしゃ》からの相談《そうだん》が多《おお》い。

CASE ゲームを通《つう》じて会《あ》い、ゆうかいされるケース

小学《しょうがく》6年生《ねんせい》のG《ジー》さんは、オンラインゲームで23歳《さい》の男性《だんせい》と知《し》りあいました。「ぼくの家《いえ》で遊《あそ》ぼう」とさそわれたG《ジー》さんは、男性《だんせい》のところへいきましたが、男性《だんせい》がおそってきたため、交番《こうばん》にかけこんで助《たす》けをもとめました。

このように、ゲームで仲《なか》よくなり、「会《あ》おう」といってくる人《ひと》は、「性的行為《せいてきこうい》」を目的《もくてき》にしていることが多《おお》いのです。直接会《ちょくせつあ》うのはぜったいにやめましょう。

オンラインゲームとSNS《エスエヌエス》

SNS《エスエヌエス》と組《く》みあわせて遊《あそ》ぶ場合《ばあい》も

オンラインゲームの協力《きょうりょく》プレイでは、ボイスチャットが必要《ひつよう》です。ボイスチャット機能《きのう》がゲームについていないときには、ボイスチャットができるSNS《エスエヌエス》のアプリを使《つか》うことが多《おお》いです。

また、公式《こうしき》のSNS《エスエヌエス》アカウントを通《つう》じて新《あたら》しいキャラクターやシステムの発表《はっぴょう》をするオンラインゲームもあるなど、SNS《エスエヌエス》とは強《つよ》いつながりをもっています。

使《つか》われているSNS《エスエヌエス》の例《れい》

〔オンラインゲームに関連《かんれん》があるSNS《エスエヌエス》の代表例《だいひょうれい》〕

SNS《エスエヌエス》名《めい》	説明《せつめい》
Twitter《ツイッター》	「ツイート」とよばれる短《みじか》い文章《ぶんしょう》を投稿《とうこう》したり、同《おな》じ趣味《しゅみ》の人《ひと》を「フォロー」したりすることでほかの利用《りよう》者《しゃ》と交流《こうりゅう》できる。（対象年齢《たいしょうねんれい》：13歳以上《さいいじょう》）
YouTube《ユーチューブ》	動画《どうが》を観《み》たり、投稿《とうこう》したりできる。ゲームをプレイしているところを配信《はいしん》する「ゲーム実況動画《じっきょうどうが》」が人気《にんき》。（13歳以上《さいいじょう》でアカウントをつくれるようになる）
Discord《ディスコード》	ゲーム中《ちゅう》の通話《つうわ》（ボイスチャット）ができる。「サーバー」とよばれる部屋《へや》をつくり、限《かぎ》られたメンバーでやり取《と》りができる。（対象年齢《たいしょうねんれい》：13歳以上《さいいじょう》）

たくさんあるSNS《エスエヌエス》のなかでも、オンラインゲームに関《かん》するものは、Twitter《ツイッター》やYouTube《ユーチューブ》などが代表的《だいひょうてき》です。特《とく》にボイスチャット機能《きのう》のあるDiscord《ディスコード》は、オンラインゲームのプレイヤーに人気《にんき》があります。

それぞれのSNS《エスエヌエス》では、対象年齢《たいしょうねんれい》が決《き》められていることが多《おお》いため、使《つか》う前《まえ》にはかならず確認《かくにん》しましょう。

SNS《エスエヌエス》のトラブルを防《ふせ》ぐために

SNS《エスエヌエス》でのルールとマナーは、オンラインゲームと同《おな》じです。S《エス》NS《エヌエス》だからこそ、気《き》をつけたいポイントを確認《かくにん》しましょう。

▼勝手《かって》にアカウントをつくらない

SNS《エスエヌエス》のアカウントをつくる前《まえ》には、かならず保護者《ほごしゃ》に相談《そうだん》しましょう。多《おお》くのSNS《エスエヌエス》は、12歳《さい》までは使《つか》うことができないため、自《じ》分《ぶん》が使《つか》えるSNS《エスエヌエス》かどうかを確認《かくにん》してもらってください。

SNS《エスエヌエス》のアプリをダウンロードするときも、問題《もんだい》のないアプリであるかどうかの確認《かくにん》が必要《ひつよう》です。

▼SNS《エスエヌエス》で自分《じぶん》が投稿《とうこう》したいときは……

人《ひと》を傷《きず》つけたり、いやな気持《きも》ちにさせたりするような投稿《とうこう》はやめましょう。**投稿《とうこう》の前《まえ》には、その内《ない》容《よう》が、だれが読《よ》んでも問題《もんだい》のないものかどうかを、かならず考《かんが》えてください。**

また、自分《じぶん》のことを書《か》きこむときも、本名《ほんみょう》や住所《じゅうしょ》などが特定《とくてい》されるような投稿《とうこう》はやめましょう（くわしくは78〜79ページへ）。

Check SNS《エスエヌエス》の使《つか》いかたを相談《そうだん》しよう

オンラインゲームと同《おな》じように、SNS《エスエヌエス》の利用《りよう》にもルールが必要《ひつよう》です。SNS《エスエヌエス》を使《つか》いはじめる前《まえ》に保護者《ほごしゃ》とルールを決《き》めておきましょう。ルールの例《れい》として、「顔《かお》がうつっている写真《しゃしん》はのせない」「変《へん》なメッセージがきたらスクリーンショット（画面《がめん》の写真《しゃしん》）をとる」などがあげられます。

SNS《エスエヌエス》でトラブルをおこさないためにも、ともだち以外《いがい》に投稿《とうこう》などの内容《ないよう》を公開《こうかい》しない非公開設定《ひこうかいせってい》のアカウント（鍵《かぎ》アカウント）にしたり、見《み》られるサイトを制限《せいげん》する「フィルタリング」の機能《きのう》を保護者《ほごしゃ》に設定《せってい》してもらったりするといいです。

個人情報《こじんじょうほう》はぜったいにいわない!

個人情報《こじんじょうほう》ってどういうもの?

「個人情報《こじんじょうほう》」とは、名前《なまえ》や生年《せいねん》月日《がっぴ》、住所《じゅうしょ》、学校名《がっこうめい》など、**「その人《ひと》がどんな人《ひと》か」がわかる情報《じょうほう》のこと**です。

個人情報《こじんじょうほう》がほかの人《ひと》に知《し》られてしまうと、いやなことをされたり、おどされたりする場合《ばあい》があるので、個人情報《こじんじょうほう》を教《おし》えるのはぜったいにやめましょう。また、自分《じぶん》だけではなく家族《かぞく》やともだちの個人《こじん》情報《じょうほう》も教《おし》えてはいけません。

個人情報《こじんじょうほう》の例《れい》

特定《とくてい》の個人《こじん》だと判断《はんだん》できるもの

いくつか組《く》みあわせることで、個人《こじん》を特定《とくてい》できる情報《じょうほう》。

名前《なまえ》 / 誕生日《たんじょうび》(生年月日《せいねんがっぴ》) / 住所《じゅうしょ》 / 学校名《がっこうめい》 など

個人《こじん》の体《からだ》のデータ

その人《ひと》だと判断《はんだん》できる、体《からだ》に関《かか》わる情報《じょうほう》。

外見《がいけん》 / 声《こえ》 / 指紋《しもん》 など

個人《こじん》にわりふられる番号《ばんごう》

ひとりひとりにわりふられる公的《こうてき》な番号《ばんごう》。

パスポートの番号《ばんごう》 / クレジットカードの番号《ばんごう》 など

オンラインゲームの個人情報《こじんじょうほう》

オンラインゲームでは、アカウントのID《アイディー》とパスワードをはじめとして、アカウントをつくるときに入力《にゅうりょく》したメールアドレスや生年《せいねん》月日《がっぴ》などが、すべて個人情報《こじんじょうほう》にふくまれます。

そのなかでも、ID《アイディー》とパスワードは、とても重要《じゅうよう》な個人情報《こじんじょうほう》です。人《ひと》に知《し》られてしまうと、不正《ふせい》アクセスにつながることもありますので、ぜったいに人《ひと》に教《おし》えてはいけません。また、人《ひと》に知《し》られないよう、しっかりと管理《かんり》しましょう（不正《ふせい》アクセスについては、86〜87ページへ）。

ID《アイディー》とパスワードがぬすまれるとどうなる？

ゲームのアカウントのID《アイディー》とパスワードをぬすまれると、アカウントをのっとられたり、ゲームにログインできなくなったりすることがあります。

さらには、ゲームに設定《せってい》していた個人情報《こじんじょうほう》がぬすまれてしまい、オンラインゲームとは関係《かんけい》ないことに使《つか》われてしまったり、「個人《こじん》情報《じょうほう》をばらまくぞ」とおどされたりすることもあります。

仲《なか》のいいともだちにたのまれても、ぜったいに教《おし》えたらだめだよ！

CASE ゲームをプレイしているときに名前《なまえ》をよばれた！

小学《しょうがく》4年生《ねんせい》のH《エイチ》くんは、ボイスチャットをしながら、ともだちとオンラインゲームをしていました。部屋《へや》の外《そと》から保護者《ほごしゃ》がH《エイチ》くんの名前《なまえ》をよんだため、「名前《なまえ》をよばれてるぞ」とからかわれてしまいました。これは相手《あいて》がともだちだからよかったものの、もし知《し》らない人《ひと》が相手《あいて》だったとしたら、保護者《ほごしゃ》のよび声《こえ》でH《エイチ》くんの本名《ほんみょう》が知《し》られてしまうところだったのです。

トラブルにまきこまれないために

自分《じぶん》の身《み》を守《まも》るために知《し》っておこう

オンラインゲームで、年齢《ねんれい》や性《せい》別《べつ》に関《かか》わらず、さまざまな人《ひと》と仲《なか》よくなるのはいいことです。しかし、ゲームのなかだけでは、相手《あいて》がどんな人《ひと》かわからないということを、わすれないでください。

「変《へん》だな」と感《かん》じた相手《あいて》には、近《ちか》づかないようにしましょう。もしいやがらせ行為《こうい》をされた場合《ばあい》は、保護者《ほごしゃ》に相談《そうだん》して、ゲーム会《がい》社《しゃ》に問《と》いあわせましょう。

こんな相手《あいて》がいたら注意《ちゅうい》する

ゲームのなかでやさしく、親切《しんせつ》な人《ひと》だとしても、気《き》をつけるようにしましょう。

▼個人情報《こじんじょうほう》ばかり聞《き》いてくる

「何歳《なんさい》なの？」「どこに住《す》んでいるの？」と、プライベートなことばかり聞《き》いてくる相手《あいて》には注意《ちゅうい》しましょう。また、相手《あいて》からの質問《しつもん》には、答《こた》える必要《ひつよう》はありません。しつこい場合《ばあい》には、相手《あいて》が話《はな》しかけてこないように、ゲームのフレンドを解除《かいじょ》したり、ブロック機能《きのう》を使《つか》ったりしてもＯＫ《オーケー》です。

▼ゲームのなかでつきまとわれる

自由《じゆう》にキャラクターを動《うご》かすことができるゲームなのに、なにをしてもずっとつきまとってきたり、自分《じぶん》にだけ話《はな》しかけてきたりするようなプレイヤーとは、きょりをおきましょう。

ログイン時間《じかん》をずらしたり、その人《ひと》がいないゲームサーバーでプレイしたりして、できる限《かぎ》り近寄《ちかよ》らないようにします。

トラブルにまきこまれてしまったら

自分《じぶん》が気《き》をつけてプレイしていても、トラブルにまきこまれることがあります。そんなときは、どうしたらよいのでしょうか。

▼フレンド登録《とうろく》は解除《かいじょ》・ブロックする

いやがらせをしたり、トラブルをおこしたりする相手《あいて》とは、直接《ちょくせつ》関《かか》わるのをさけましょう。**フレンド登録《とうろく》をしている場合《ばあい》は、登録《とうろく》を解除《かいじょ》してもかまいません。ゲームにブロック機能《きのう》がある場合《ばあい》は、ブロックをして、相手《あいて》と関係《かんけい》をもたないようにしてもいいでしょう。**

▼ゲーム会社《がいしゃ》に通報《つうほう》する

いやがらせ行為《こうい》がつづく場合《ばあい》には、**「利用規約《りようきやく》に違反《いはん》するようないやがらせ行為《こうい》を受《う》けている」と、ゲーム会社《がいしゃ》に通報《つうほう》しましょう。**

もし、ゲーム以外《いがい》のSNS《エスエヌエス》などでも関《かか》わりをもっている場合《ばあい》は、SNS《エスエヌエス》のほうでもブロックや通報《つうほう》をしておくようにしましょう。

Check 保護者《ほごしゃ》にもかならず報告《ほうこく》しよう

あやしい相手《あいて》と関《かか》わったり、トラブルになってしまったりした場合《ばあい》は、自分《じぶん》ひとりで解決《かいけつ》しようとはせず、かならず保護者《ほごしゃ》に相談《そうだん》しましょう。

もし個人情報《こじんじょうほう》が相手《あいて》に伝《つた》わってしまっている場合《ばあい》は、現実《げんじつ》の生活《せいかつ》でも、なにかの被害《ひがい》にあう可能性《かのうせい》があり、とても危険《きけん》です。保護者《ほごしゃ》ときちんと話《はな》しあったうえで、警察《けいさつ》にも相談《そうだん》してください。

そのときには、相手《あいて》とのチャット画面《がめん》など、問題《もんだい》となっていることの証拠《しょうこ》となるスクリーンショットを準備《じゅんび》しておきましょう。

Episode 5

アカウントがのっとられた!

すきな最高《さいこう》レア武器《ぶき》が
無料《むりょう》で手《て》にはいる!!
今《いま》だけのキャンペーン!
ID
?!
え!? 最高《さいこう》レア武器《ぶき》が無料《むりょう》!?
今《いま》だけのキャンペーン! 参加方法《さんかほうほう》はゲームID《アイディー》とパスワードを入力《にゅうりょく》するだけ……
はわわ
わわ
たぷ
なんだ、それだけならすぐできるじゃん!
たぷ
ID
送信
ここに入力《にゅうりょく》して送信《そうしん》、と……
もらえるのは3日後《かご》か 早《はや》く届《とど》かないかな~!
送信されました!
3日後に
プレゼントボックスに
届きます
ガチャ
ただいまー
後日《ごじつ》

ってうわ!?
びくぅ
だんごむし
なに、どうしたの?
学校《がっこう》から帰《かえ》ってから
ずっと
この調子《ちょうし》なのよ
ヨシノリ兄《にい》ちゃん……
むくっ
スパラのアカウントにログインできなくなっちゃった……
プル
プル
プル
え!? 急《きゅう》に?
昨日《きのう》まで大丈夫《だいじょうぶ》だったのに
プル
プル
ゲーム画面《がめん》見《み》せて
ビーッ
パスワードがちがいます
ID
PASS
!ERROR!
うーん

本当《ほんとう》にログインできない
なんで急《きゅう》に？
わぁぁっ
うーん
人《ひと》にパスワードを教《おし》えたりとか……心《こころ》あたりある？
最高《さいこう》レア武器《ぶき》をもらえるキャンペーンがあって、そのときにゲームID《アイディー》とパスワードを入力《にゅうりょく》したくらいしか……
100％それだな……
なにやってんだよ…
ゲーム会社《がいしゃ》のフリしてゲームID《アイディー》やパスワードをぬすむケースってけっこう多《おお》いんだ
このことはゲーム会社《がいしゃ》に問《と》い合《あ》わせたほうがいい
はい…
おまえは1からまたやりなおし
反省して がんばれー
ラクしようとして損《そん》した……

不正《ふせい》アクセスってなに？

自分《じぶん》以外《いがい》のだれかが勝手《かって》にログイン

「不正《ふせい》アクセス」とは、パソコンなどの機器《きき》やゲームなどのサービスに、ぬすんだパスワードなどを使《つか》って、勝手《かって》にログインしてはいりこむことです。

オンラインゲームでは、自分以《じぶんい》外《がい》の人《ひと》がID《アイディー》やパスワードをぬすんで、勝手《かって》にアイテムを使《つか》われたり、登録《とうろく》してある個人情報《こじんじょうほう》を知《し》られてしまったりといった被害《ひがい》がおきています。

オンラインゲームの不正《ふせい》アクセス被害《ひがい》

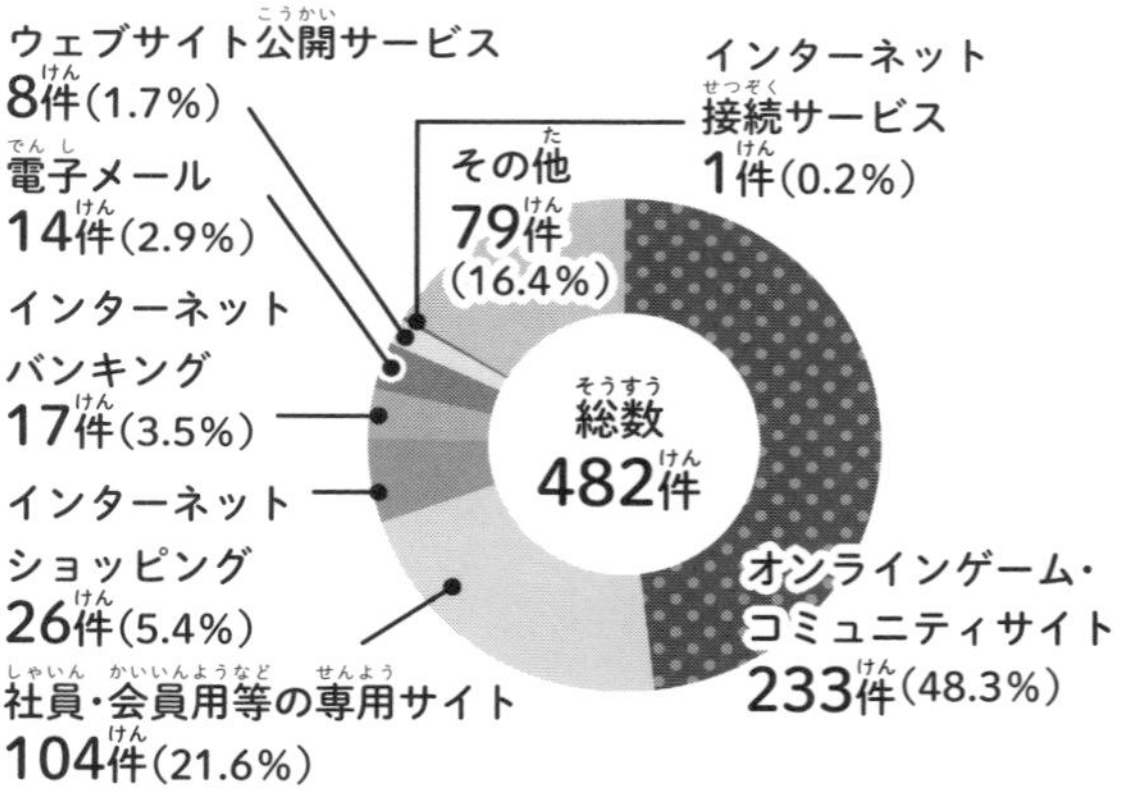
総数《そうすう》
482件《けん》
オンラインゲーム・コミュニティサイト
233件《けん》(48.3%)
社員《しゃいん》・会員用等《かいいんようなど》の専用《せんよう》サイト
104件《けん》(21.6%)
その他《た》
79件《けん》
(16.4%)
インターネットショッピング
26件《けん》(5.4%)
インターネットバンキング
17件《けん》(3.5%)
電子《でんし》メール
14件《けん》(2.9%)
ウェブサイト公開《こうかい》サービス
8件《けん》(1.7%)
インターネット接続《せつぞく》サービス
1件《けん》(0.2%)

令和《れいわ》4年《ねん》における不正《ふせい》アクセス行為《こうい》(識別符号窃用型《しきべつふごうとうようがた》)
により不正《ふせい》に利用《りよう》されたサービス別検挙件数《べつけんきょけんすう》

出典《しゅってん》：『不正《ふせい》アクセス行為《こうい》の発生状況及《はっせいじょうきょうおよ》びアクセス制御機能《せいぎょきのう》に関《かん》する
技術《ぎじゅつ》の研究開発《けんきゅうかいはつ》の状況《じょうきょう》(令和《れいわ》5年《ねん》3月《がつ》16日《にち》)』(警察庁《けいさつちょう》・総務省《そうむしょう》・経済産業省《けいざいさんぎょうしょう》)

※少数第《しょうすうだい》2位《い》を四捨五入《ししゃごにゅう》しているため、合計《ごうけい》が100%にならない場合《ばあい》があります。

オンラインゲームは、だれでも気軽《きがる》に使《つか》えるサービスであることから、インターネットのサービスのなかでも、不正《ふせい》アクセスのターゲットにされやすいのです。

不正《ふせい》アクセスを防《ふせ》ぐには、ほかのだれかにまかせるのではなく、自分自身《じぶんじしん》が正《ただ》しい知識《ちしき》を身《み》につけなければなりません。

「識別符号《しきべつふごう》」ってなんのこと？

「識別符号《しきべつふごう》」は、おもにID《アイディー》とパスワードのことです。識別符号《しきべつふごう》があるおかげで、パソコンやスマホなどの機器《きき》や、オンラインゲームをはじめとするさまざまなサービスを利用《りよう》するときに、「利用《りよう》が許可《きょか》された本人《ほんにん》である」としめすことができます。識別符号《しきべつふごう》をぬすむことや、ぬすんだうえで不正《ふせい》に利用《りよう》することは、「不正《ふせい》アクセス禁止法《きんしほう》」という法律《ほうりつ》で禁止《きんし》されています。

相手《あいて》のゲームID《アイディー》やパスワードを、さらにほかの人《ひと》に教《おし》える行為《こうい》も法律違反《ほうりついはん》だな

不正《ふせい》アクセスされるとどうなる？

オンラインゲームで不正《ふせい》アクセスをされると、ゲームを勝手《かって》に進《すす》められていたり、ためていたアイテムなどをぬすまれたりといった被害《ひがい》を受《う》けてしまいます。また、アカウントの情報《じょうほう》を使《つか》って、知《し》らないうちに課金《かきん》されていたり、個《こ》人情報《じんじょうほう》をぬすまれたりすることもあります。

不正《ふせい》アクセス後《ご》に、アカウントのパスワードを変更《へんこう》して、もとのアカウントの持《も》ち主《ぬし》がログインできないようにすることで、アカウント自体《じたい》をのっとる被害《ひがい》もおこっています。

CASE 不正《ふせい》アクセスで「なりすまし」された！

「なりすまし」とは、ある人《ひと》がうそをついて、べつの人《ひと》であると名《な》のることです。ゲームのアカウントに不正《ふせい》アクセスをして、そのアカウントの持《も》ち主《ぬし》になりすまし、ゲームをプレイしたり、メッセージを送信《そうしん》したりすることがあります。それによって、ほかのプレイヤーが傷《きず》ついたり、いやな思《おも》いをしたりすると、もとの持《も》ち主《ぬし》がやったこととかんちがいされてしまうのです。

不正《ふせい》アクセスの手口《てぐち》

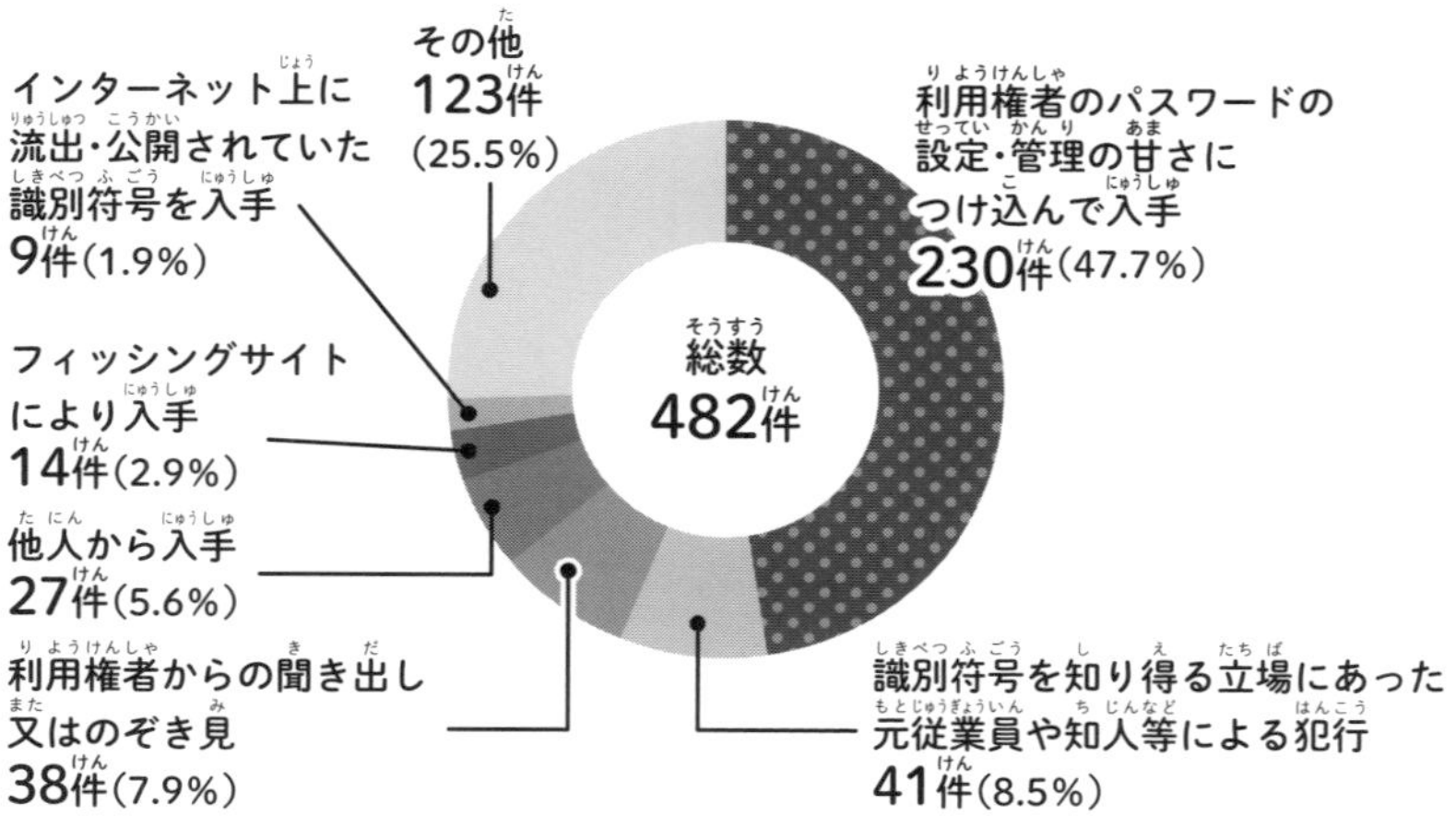
総数《そうすう》
482件《けん》
利用権者《りようけんしゃ》のパスワードの設定《せってい》・管理《かんり》の甘《あま》さにつけ込《こ》んで入手《にゅうしゅ》
230件《けん》(47.7%)
識別符号《しきべつふごう》を知《し》り得《え》る立場《たちば》にあった元従業員《もとじゅうぎょういん》や知人等《ちじんなど》による犯行《はんこう》
41件《けん》(8.5%)
利用権者《りようけんしゃ》からの聞《き》き出《だ》し又《また》はのぞき見《み》
38件《けん》(7.9%)
他人《たにん》から入手《にゅうしゅ》
27件《けん》(5.6%)
フィッシングサイトにより入手《にゅうしゅ》
14件《けん》(2.9%)
インターネット上《じょう》に流出《りゅうしゅつ》・公開《こうかい》されていた識別符号《しきべつふごう》を入手《にゅうしゅ》
9件《けん》(1.9%)
その他《た》
123件《けん》
(25.5%)

令和《れいわ》４年《ねん》における不正《ふせい》アクセス行為《こうい》(識別符号窃用型《しきべつふごうとうようがた》)の手口別検挙件数《てぐちべつけんきょけんすう》

出典《しゅってん》:『不正《ふせい》アクセス行為《こうい》の発生状況及《はっせいじょうきょうおよ》びアクセス制御機能《せいぎょきのう》に関《かん》する技術《ぎじゅつ》の研究開発《けんきゅうかいはつ》の状況《じょうきょう》(令和《れいわ》5年《ねん》3月《がつ》16日《にち》)』(警察庁《けいさつちょう》・総務省《そうむしょう》・経済産業省《けいざいさんぎょうしょう》)

不正《ふせい》アクセスは、ID《アイディー》やパスワードなどが、なんらかの方法《ほうほう》でもれてしまったことがきっかけでおこりやすいことがグラフからわかります。特《とく》に、パスワードがほかの人《ひと》に伝《つた》わってしまい、不《ふ》正《せい》アクセスされるケースがとても多《おお》いため、気《き》をつけて設定《せってい》・管理《かんり》する必要《ひつよう》があります（くわしくは92～93ページへ）。

CASE 「アイテムが当《あ》たりました！」とメッセージがきた

ゲームのアカウントをつくるときに登録《とうろく》したメールアドレスに、「アイテムプレゼントに当選《とうせん》！」というメールがきました。I《アイ》さんがメールにあったURL《ユーアールエル》をひらき、ゲームアカウントのID《アイディー》とパスワードを入力《にゅうりょく》したところ、数日後《すうじつご》にアカウントがのっとられてしまいました。じつはこのメールは、不正《ふせい》アクセスのためのID《アイディー》とパスワードを集《あつ》めるための詐欺《さぎ》メールだったのです。

フィッシングサイトってなに?

「フィッシングサイト」とは、本物《ほんもの》そっくりにつくられた、にせもののサイトのことです。このフィッシングサイトを使《つか》い、ID《アイディー》やパスワードを入力《にゅうりょく》させることで、その情報《じょうほう》をぬすむことを「フィッシング詐欺《さぎ》」といいます。

オンラインゲームのログイン画《が》面《めん》のフィッシングサイトもあり、そこで手《て》に入《い》れたアカウントのI《アイ》D《ディー》やパスワードが、不正《ふせい》アクセスに使《つか》われることがあります。

本物《ほんもの》そっくりだと
自分《じぶん》で
気《き》づけないかも

▼フィッシング詐欺《さぎ》にだまされないために

フィッシングサイトを見《み》わけるのはむずかしいため、メッセージにあるURL《ユーアールエル》は、どんなものでもうたがうようにしましょう。

❶URL《ユーアールエル》をすぐクリックするのはNG《エヌジー》。あやしいと思《おも》うメッセージはすぐに削除《さくじょ》します。

❷メッセージにあるキャンペーンなどが本当《ほんとう》におこなわれているか、ゲームの公式《こうしき》サイトを見《み》て確認《かくにん》してください。

❸本物《ほんもの》かどうかの見《み》わけがつかない場合《ばあい》は、保護者《ほごしゃ》に一度《いちど》見《み》てもらうといいです。

Check 「不正《ふせい》アクセスされている」とわかったら……

不正《ふせい》アクセスされていることに気《き》づいたら、まずは保護者《ほごしゃ》に伝《つた》えましょう。保護者《ほごしゃ》にゲーム会社《がいしゃ》に連絡《れんらく》してもらい、不正《ふせい》アクセスされていることを話《はな》してもらってください。

クレジットカード番号《ばんごう》など、アカウントとつながっている情報《じょうほう》が、あわせて相手《あいて》に伝《つた》わっている可能性《かのうせい》もあるので、カード会社《がいしゃ》や警察《けいさつ》に被害報告《ひがいほうこく》をします。

ほかのゲームや
SNS《エスエヌエス》のアカウントも
確認《かくにん》しよう

不正《ふせい》アクセスを防《ふせ》ごう

アカウントを守《まも》るために大切《たいせつ》なこと

一度《いちど》不正《ふせい》アクセスをされると、ほかのゲームのアカウントも被害《ひがい》にあいやすくなります。不正《ふせい》アクセスに成功《せいこう》したID《アイディー》やパスワードが、ほかのゲームなどでも使《つか》いまわされていると考《かんが》えて、ログインをためされることが多《おお》いのです。

このように、一度《いちど》おこるとつづけて発生《はっせい》しやすい不正《ふせい》アクセスを、どのように防《ふせ》ぐべきか考《かんが》えてみましょう。

ID《アイディー》やパスワードはしっかり管理《かんり》しよう

アカウントのID《アイディー》やパスワードは、あなたがアカウントの持《も》ち主《ぬし》であることを証明《しょうめい》するための大切《たいせつ》なものです。個人情報《こじんじょうほう》を守《まも》るためにも、自分《じぶん》で管理《かんり》しましょう。ほかのプレイヤーはもちろん、仲《なか》のいいともだちにもぜったいに教《おし》えてはいけません。

なお、パスワードの管理《かんり》のしかたについては、93ページで確認《かくにん》しましょう。

CASE パスワードを使《つか》いまわしていたら……

「パスワードをおぼえておくのがめんどうだから」と、同《おな》じパスワードで3つのゲームに登録《とうろく》しているJ《ジェイ》くん。あるゲームが不正《ふせい》アクセスされて、残《のこ》りの2つのゲームも数日《すうじつ》の間《あいだ》に被害《ひがい》にあいました。不正《ふせい》アクセスがわかったら、ほかのゲームのパスワードもすぐにかえましょう。

あやしいURL《ユーアールエル》はクリックしない

ゲーム会社《がいしゃ》からURL《ユーアールエル》つきのメールがとどいたら、リンクをひらく前《まえ》に、メールの内容《ないよう》を確認《かくにん》しましょう。保護者《ほごしゃ》と見《み》るのもおすすめです。

ともだちからとどいたメッセージだとしても、注意《ちゅうい》が必要《ひつよう》です。相手《あいて》が不正《ふせい》アクセスされて、なりすましでメッセージが送《おく》られていたり、URL《ユーアールエル》のリンク先《さき》にウイルスがまぎれていたりする可能性《かのうせい》があります。

ともだちからでも「いつもとちがうな」と思《おも》ったら、リンク先《さき》はみないほうがいいね

▼ウイルスってなに？

コンピュータウイルスは、情報《じょうほう》をぬすんだり、ほかの人《ひと》のパソコンなどのデバイスそのものをこわしたりするためにつくられた、不正《ふせい》なプログラムのことです。

コンピュータウイルスは、アプリやソフトのインストールや、あやしいサイトへのアクセスなどから、パソコンやスマホにはいりこみ、プログラムやデータをこわします。その結果《けっか》、パソコンが勝手《かって》な動作《どうさ》をするようになったり、保存《ほぞん》されている情報《じょうほう》をぬすんだりします。これによって、個人情報《こじんじょうほう》がもれてしまうことがあるのです。

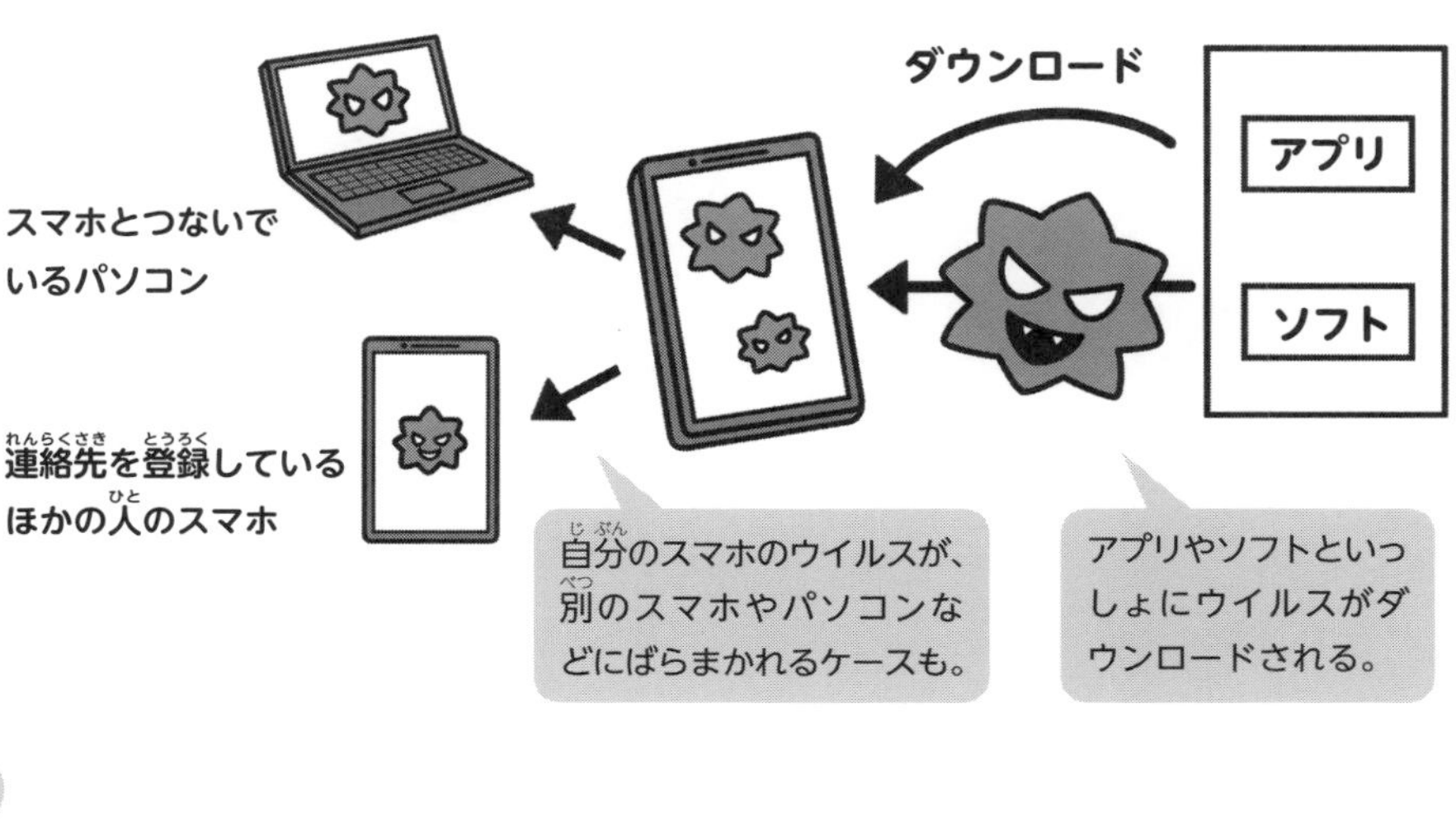
ダウンロード
アプリ
ソフト
スマホとつないでいるパソコン
連絡先《れんらくさき》を登録《とうろく》しているほかの人《ひと》のスマホ
自分《じぶん》のスマホのウイルスが、別《べつ》のスマホやパソコンなどにばらまかれるケースも。
アプリやソフトといっしょにウイルスがダウンロードされる。

安全《あんぜん》なパスワードの考《かんが》えかた

パスワードは家《いえ》のかぎと同《おな》じ

パスワードは、家《いえ》のかぎのようなものです。家《いえ》のかぎをなくすと、どろぼうにはいられてしまうことがあるように、パスワードもきちんと管理《かんり》しないと、さまざまな情報《じょうほう》がぬすまれてしまいます。

また、どろぼうが家《いえ》にはいると家族《かぞく》も被害《ひがい》をうけます。パスワードも同《おな》じで、ぬすまれてしまうと、ほかのプレイヤーにも被害《ひがい》がおよぶことがあるのです。

パスワードのOK《オーケー》例《れい》とNG《エヌジー》例《れい》

OK《オーケー》例《れい》	●アルファベット（大文字《おおもじ》・小文字《こもじ》）、数字《すうじ》、記号《きごう》を組《く》みあわせたもの ●関係《かんけい》のない2つの単語《たんご》を組《く》みあわせたもの ●自動生成《じどうせいせい》パスワード
NG《エヌジー》例《れい》	●パスワードをそのまま英語《えいご》で表記《ひょうき》した「password《パスワード》」 ●「123456」、「000000」のような規則的《きそくてき》な数字《すうじ》 ●自分《じぶん》の生年月日《せいねんがっぴ》、名前《なまえ》

パスワードは、**ほかの人《ひと》がかんたんに予想《よそう》できないようなものが安全《あんぜん》**とされています。「うさぎ」と「富士山《ふじさん》」のように関係《かんけい》のない単語《たんご》を組《く》みあわせたり、アルファベットや数字《すうじ》のほかに記号《きごう》をいれたりするといいです。反対《はんたい》に、生年月日《せいねんがっぴ》や電話番号《でんわばんごう》をもとにしたようなものは危険《きけん》です。

なお、パスワードを英語《えいご》にした「password《パスワード》」や、数字《すうじ》を順《じゅん》にならべただけのものは、「世界《せかい》でもっとも使《つか》われている危険《きけん》なパスワード」とされています。

パスワードの保管方法《ほかんほうほう》

安全《あんぜん》でありながらも複雑《ふくざつ》なパスワードを、どのように覚《おぼ》えたり、保管《ほかん》したりすべきでしょうか。

▼専用《せんよう》のアプリで保管《ほかん》する

パスワードをまとめて管理《かんり》できるアプリであれば、管理《かんり》がかんたんにできて便利《べんり》です。使《つか》いまわしているパスワードがないか、確認《かくにん》してくれる機能《きのう》がついているものもあります。

ただし、スマホがウイルスに感《かん》染《せん》していると、情報《じょうほう》を守《まも》りきれないこともあります。また、アプリ自体《じたい》が信用《しんよう》できないこともあるため、アプリを使《つか》う前《まえ》に、保護者《ほごしゃ》に確認《かくにん》してもらいましょう。

▼紙《かみ》に書《か》いて保管《ほかん》する

パスワードを、専《せん》用《よう》のノートに書《か》いて管理《かんり》するのもおすすめです。ノートであれば、パソコンやスマホなどの機器《きき》のように、ウイルスに感《かん》染《せん》する危険《きけん》もないため、安全《あんぜん》に守《まも》ることができます。

ただし、ノートをだれにも見《み》られないような場所《ばしょ》にしまったり、なくさないように気《き》をつけたりする必要《ひつよう》があります。

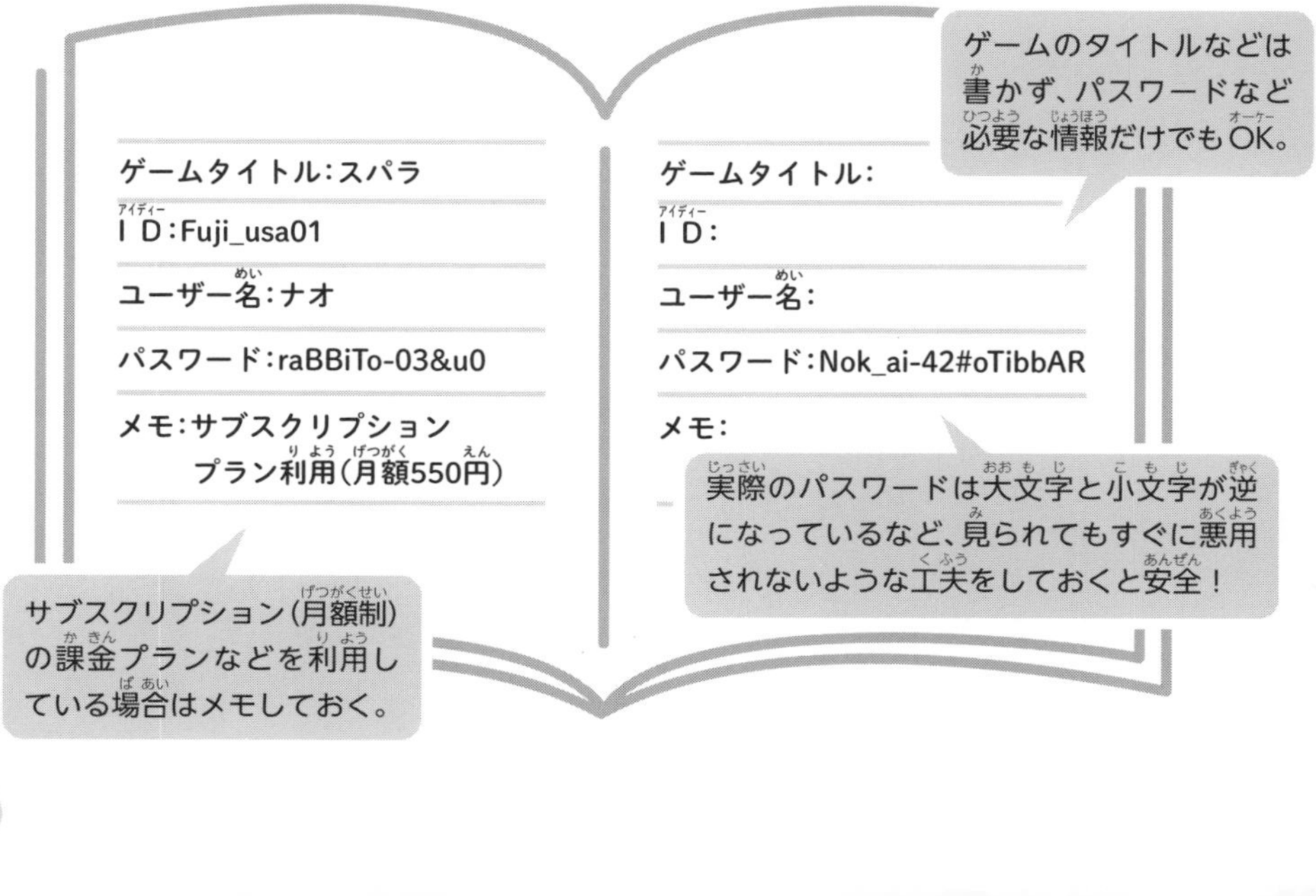

ゲームのタイトルなどは書《か》かず、パスワードなど必要《ひつよう》な情報《じょうほう》だけでもOK《オーケー》。
ゲームタイトル：スパラ
ＩＤ《アイディー》：Fuji_usa01
ユーザー名《めい》：ナオ
パスワード：raBBiTo-03&u0
メモ：サブスクリプションプラン利用《りよう》（月額《げつがく》550円《えん》）
ゲームタイトル：
ＩＤ《アイディー》：
ユーザー名《めい》：
パスワード：Nok_ai-42#oTibbAR
メモ：
実際《じっさい》のパスワードは大文字《おおもじ》と小文字《こもじ》が逆《ぎゃく》になっているなど、見《み》られてもすぐに悪用《あくよう》されないような工夫《くふう》をしておくと安全《あんぜん》！
サブスクリプション（月額制《げつがくせい》）の課金《かきん》プランなどを利用《りよう》している場合《ばあい》はメモしておく。

スマホのセキュリティ対策《たいさく》

自分《じぶん》でできる対策《たいさく》からはじめよう

スマホは、私《わたし》たちの生活《せいかつ》に欠《か》かせないものです。ゲームをはじめとして、いろいろなことに利用《りよう》できて便利《べんり》ですが、そのぶん、保存《ほぞん》しているパスワードや個人情報《こじんじょうほう》を守《まも》るためのセキュリティ対策《たいさく》が必要《ひつよう》です。

保護者《ほごしゃ》が設定《せってい》する「フィルタリング」などの方法《ほうほう》もありますが、まずは自分《じぶん》でもできるセキュリティ対策《たいさく》を心《こころ》がけてみましょう。

「2段階認証《だんかいにんしょう》」と「2要素認証《ようそにんしょう》」

アカウントの認証《にんしょう》（本人《ほんにん》だと証明《しょうめい》すること）には、「知識要素《ちしきようそ》（ID《アイディー》・パスワードなど）」「所持要素《しょじようそ》（ワンタイムパスワードなど）」「生体要素《せいたいようそ》（指紋《しもん》など）」の3つの要素《ようそ》が使《つか》われます。

2種類《しゅるい》の要素《ようそ》を組《く》みあわせた認証《にんしょう》を「2要素認証《ようそにんしょう》」、種類《しゅるい》に関係《かんけい》なく2回認証《かいにんしょう》をおこなうことを「2段階認証《だんかいにんしょう》」といい、アカウントの安全度《あんぜんど》を高《たか》められます。

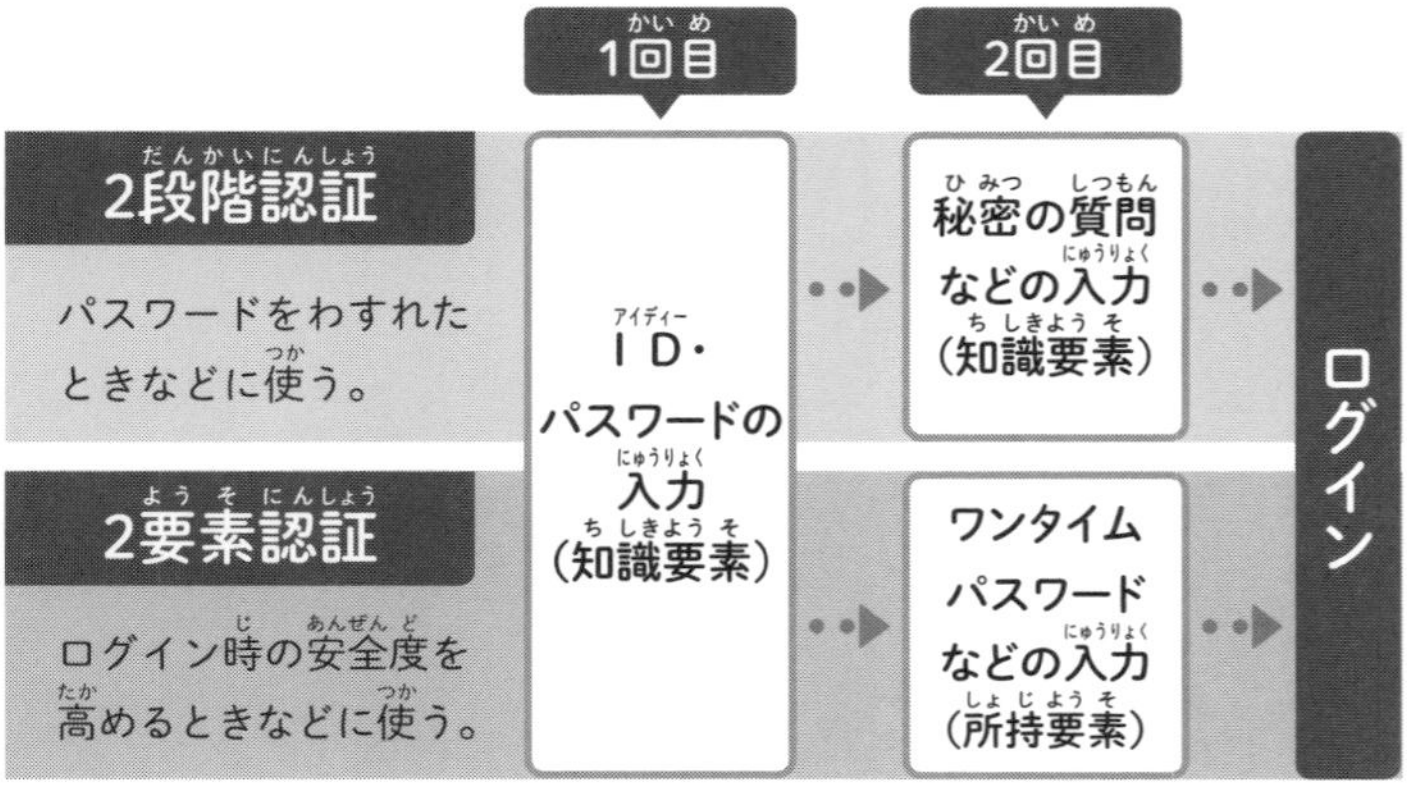
1回目《かいめ》
2回目《かいめ》
2段階認証《だんかいにんしょう》
パスワードをわすれたときなどに使《つか》う。
2要素認証《ようそにんしょう》
ログイン時《じ》の安全度《あんぜんど》を高《たか》めるときなどに使《つか》う。
ID《アイディー》・パスワードの入力《にゅうりょく》（知識要素《ちしきようそ》）
秘密《ひみつ》の質問《しつもん》などの入力《にゅうりょく》（知識要素《ちしきようそ》）
ワンタイムパスワードなどの入力《にゅうりょく》（所持要素《しょじようそ》）
ログイン

外《そと》でスマホを使《つか》うときの注意点《ちゅういてん》

手軽《てがる》に使《つか》えるスマホですが、外《そと》や人前《ひとまえ》で使《つか》うときには、次《つぎ》のようなことに注意《ちゅうい》しましょう。

▼ともだちに貸《か》さない

スマホには、自分《じぶん》や家族《かぞく》などの個人情報《こじんじょうほう》がたくさんはいっています。いつ・どこからその情報《じょうほう》がもれるかわかりませんので、仲《なか》のいいともだちであっても、貸《か》し借《か》りをしないようにしましょう。

▼目《め》をはなさない

お店《みせ》やほかの人《ひと》の家《いえ》などで、スマホを置《お》きっぱなしにしたまま、トイレにいったりするのはやめましょう。スマホにロックをかけていたとしても、自分《じぶん》がいない間《あいだ》に、だれかに操作《そうさ》される可能性《かのうせい》があります。

▼無料《むりょう》のWi-Fi《ワイファイ》に注意《ちゅうい》する

公共施設《こうきょうしせつ》やお店《みせ》などのフリーWi-Fi《ワイファイ》につなぐときは、アクセス先《さき》が安全《あんぜん》かどうか確認《かくにん》しましょう。フリーWi-Fi《ワイファイ》になりすまして、個人情報《こじんじょうほう》をぬすもうとするアクセスポイントが表示《ひょうじ》されることもありますので、注意《ちゅうい》が必要《ひつよう》です。

フィッシングサイトと同《おな》じで、URL《ユーアールエル》や入力画面《にゅうりょくがめん》が正《ただ》しいかどうかチェックするんだぞ

Check スマホは定期的《ていきてき》にチェックしよう

スマホの取《と》りあつかいだけでなく、スマホ自体《じたい》のセキュリティにも気《き》をつけましょう。自分《じぶん》の個人情報《こじんじょうほう》はもちろん、大切《たいせつ》な写真《しゃしん》や動画《どうが》、ともだちからのメッセージなどをなくしたり、ほかの人《ひと》に見《み》られたりしないためにも、スマホそのものが危《あぶ》ない状態《じょうたい》にないかを確認《かくにん》するようにします。

OS《オーエス》が最新《さいしん》のものになっているか、フィルタリングの設定《せってい》がされているか、セキュリティソフトがはいっているかなど、セキュリティに問題《もんだい》がないか、保護者《ほごしゃ》といっしょに定期的《ていきてき》に確認《かくにん》することが大切《たいせつ》です。

Episode 6

チートツールの問題点《もんだいてん》

まあ、ラクしようとしたおれも悪《わる》いんだけどね……
初心者《しょしんしゃ》とか、ゲームにくわしくない人《ひと》はだまされちゃうかもな
だます方がわるいよ
そういう「不正行為《ふせいこうい》」って、いろいろあるんだよね
ほかにも……
ナオキくんはチートツールって知《し》ってる？
CHEAT TOOL
チートツール？
ゲームの動作《どうさ》やしくみを勝手《かって》にかえて、ゲームを有利《ゆうり》に進《すす》めることを「チート」っていうんだ
「チートツール」はチートをするための不正《ふせい》なソフトウェアのことだよ
ソフトウェア
アプリ
プログラム
など
PC
スマホ
ゲームの動作《どうさ》やしくみを勝手《かって》にかえる……？
例《たと》えば……
うーん…

スパラでいうと
自動《じどう》で武器《ぶき》の照準《しょうじゅん》が敵《てき》にあうとか
AUTO
武器《ぶき》のリロード時間《じかん》がなくなる
ずっとうてる
みたいなイメージかな
なにそれ反則《はんそく》じゃん!!
そんなことされたら勝《か》てなくない?
勝《か》てなくなっておもしろくないし、なんかバカバカしくてゲームしたくなくなるよ
ふつうにゲームを楽《たの》しみたいプレイヤーが減《へ》っちゃうよね
だからゲームの会社《かいしゃ》がチートしているアカウントを停止《ていし》させたり
チートツールをつくった人《ひと》をつかまえたりすることもあるよ
BAN
たいほ!?
そうなんだ!

やっぱりまた コツコツランク上《あ》げ するしかないか〜
あ〜あ
おれもまた 手伝《てつだ》うって
よかったら わたしも手伝《てつだ》うよ
本当《ほんとう》に!?
ハルカちゃんが 手伝《てつだ》ってくれるなら、 おれがんばれる 気《き》がする……
え おれは?
なら、 今日《きょう》の放課後《ほうかご》から さっそくやろっか?
うん！
放課後《ほうかご》
あ！ ハルカちゃんから 申請《しんせい》きてる……
FRIEND
ぴこん
って、ランク40!?
つ、強《つよ》い……
フレンド申請
RANK 40
ハル
SHOP
FRIEND
RANK 1
おれの スーパープレイで ハルカちゃんを 助《たす》ける 計画《けいかく》が……!

不正行為《ふせいこうい》はぜったいにやめよう

不正行為《ふせいこうい》ってなに?

オンラインゲームでの**不正行為《ふせいこうい》とは、プレイに悪《わる》いえいきょうをあたえる行為《こうい》のこと**です。

ゲームの利用規約《りようきやく》の「禁止事《きんしじ》項《こう》」には、どのような行為《こうい》が不正《ふせい》行為《こうい》になるのかくわしく書《か》かれています。

ほかのプレイヤーの不正行為《ふせいこうい》に注意《ちゅうい》するのはもちろんですが、自分《じぶん》が気《き》づかないうちに不正行為《ふせいこうい》をしてしまわないように、利用規約《りようきやく》を読《よ》んでおきましょう。

不正行為《ふせいこうい》の例《れい》

名称《めいしょう》	説明《せつめい》
チート	ゲームのデータやプログラムを勝手《かって》にかえて、本来《ほんらい》できないことをできるようにしてしまう。 ➡ くわしくは102ページへ
リアルマネートレード（RMT《アールエムティー》）	ゲームのアイテムやキャラクターなどを現金《げんきん》と交《こう》換《かん》すること。 ➡ くわしくは104ページへ
「BOT《ボット》」の使用《しよう》	プレイしていないときも、自動《じどう》でレベル上《あ》げをしたり、アイテムを集《あつ》めたりするAI《エーアイ》（人工知能《じんこうちのう》）ツールやプログラムを使《つか》う。
グリッチ	ゲームのバグなどを使《つか》ってプレイすること。

ゲームの内容《ないよう》を勝手《かって》にかえたり、プレイを不正《ふせい》にコントロールしたりすることが、ゲームの不正《ふせい》行為《こうい》です。

自分以外《じぶんいがい》の人《ひと》にゲームをプレイしてもらう「ゲーム代《だい》行《こう》」では、このような不正行為《ふせいこうい》が勝手《かって》におこなわれることがあります（くわしくは106ページへ）。

不正行為《ふせいこうい》のゲームへのえいきょう

ゲームを不正《ふせい》にコントロールするといった不正行為《ふせいこうい》がおこなわれると、ふつうにプレイしているプレイヤーが、ゲームを楽《たの》しめなくなります。

その状態《じょうたい》がつづくと、ゲームをやめる人《ひと》が増《ふ》えます。ゲーム会社《がいしゃ》は、プレイヤーの減《へ》ったゲームを提供《ていきょう》しつづけることがむずかしくなり、ゲームを終了《しゅうりょう》させなければならないこともあるのです。

すきなゲームがおわっちゃったらショックだな

不正行為《ふせいこうい》をしているとわかった場合《ばあい》は……

ゲーム会社《がいしゃ》が不正行為《ふせいこうい》に気《き》づいたときには、不正行為《ふせいこうい》をしているプレイヤーのアカウントを、一時《いちじ》的《てき》に利用《りよう》できないようにします。不正行為《ふせいこうい》がつづく場合《ばあい》には、アカウントを完全《かんぜん》に停止《ていし》します（くわしくは107ページへ）。

あまりにも悪質《あくしつ》な場合《ばあい》には、警察《けいさつ》とともに調査《ちょうさ》をおこない、犯罪《はんざい》とみとめられたときには、書類送検《しょるいそうけん》などの処分《しょぶん》がおこなわれます。

不正行為《ふせいこうい》で逮捕《たいほ》されている人《ひと》もいるんだね

CASE　ともだちが不正行為《ふせいこうい》をしていて……

同《おな》じクラスのともだちどうしで、オンラインゲームをプレイしているK《ケー》くん。仲間《なかま》のひとりが、BOT《ボット》を使《つか》って自動《じどう》でレベル上《あ》げをしたのをきっかけに、みんながBOT《ボット》を使《つか》うようになりました。最初《さいしょ》はいやがっていたK《ケー》くんも、仲間《なかま》はずれにされたくないと思《おも》い、BOT《ボット》を使《つか》いはじめてしまいます。しかし、結局《けっきょく》アカウントは停止《ていし》させられて使《つか》えなくなってしまいました。

チートってどういう行為《こうい》？

チートは不正行為《ふせいこうい》のひとつ

「チート」は、もともと英語《えいご》で「だます」という意味《いみ》の言葉《ことば》です。

ゲームでは、**不正《ふせい》なツールを使《し》用《よう》してプレイしたり、プログラムのバグを不正《ふせい》に利用《りよう》したりすること**を意味《いみ》します。

キャラクターのレベルを一気《いっき》に上《あ》げるなど、通常《つうじょう》のプレイではできないことができるようになるのがチートですが、ゲームの楽《たの》しさや公平性《こうへいせい》をくずすものとして、利《り》用規約《ようきやく》で禁止《きんし》されています。

▼チートツールとは

ゲームでのチート行為《こうい》は、おもに「チートツール」とよばれる、チートをおこなうためのアプリやソフトウェアを使《つか》っておこなわれます。

プレイヤーやゲーム会社《がいしゃ》にとって、チートツールの利用《りよう》は、ゲームに悪《わる》いえいきょうをあたえるものとして問題《もんだい》になっています。

さらには、チートツールを開発《かいはつ》し、ほかのプレイヤーに売《う》ることでお金《かね》をかせいでいる人《ひと》がいるのも問題《もんだい》です。

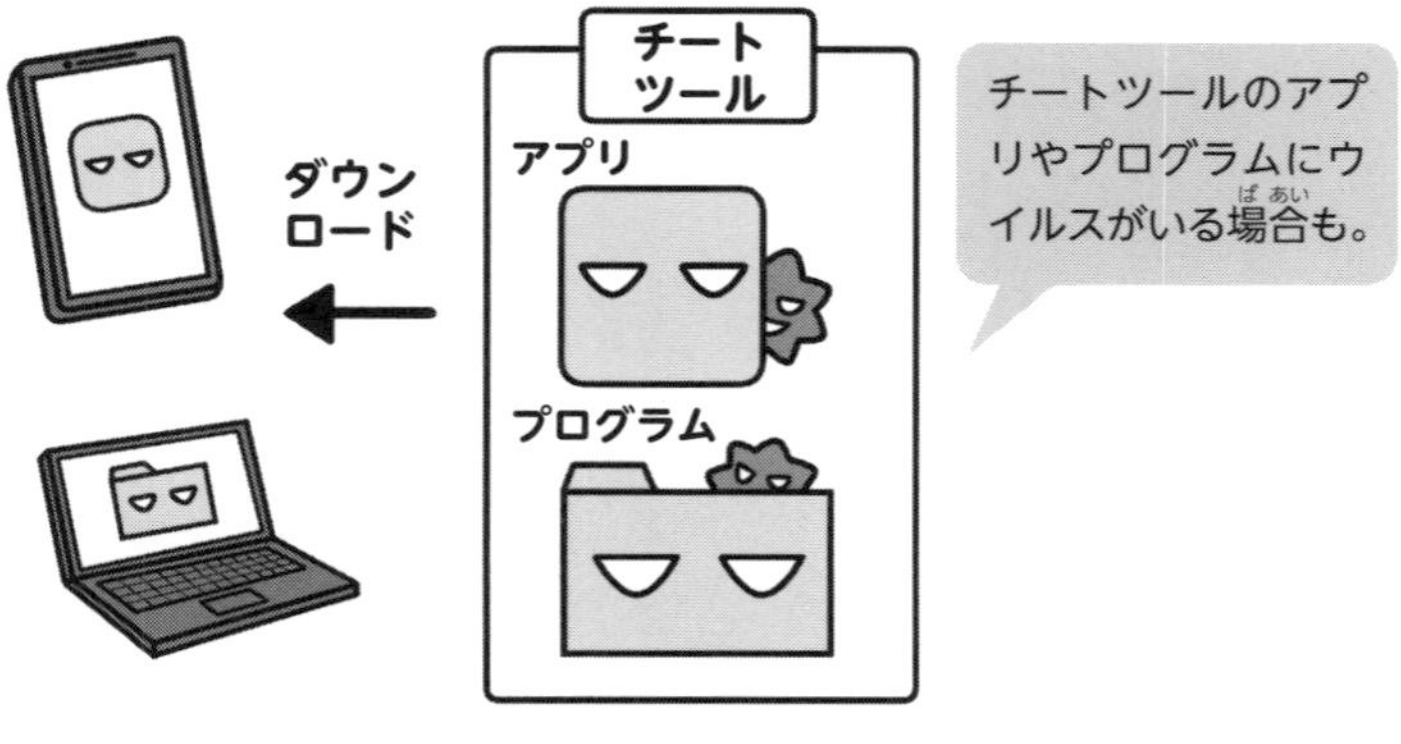

チートツールのアプリやプログラムにウイルスがいる場合《ばあい》も。
チート ツール
アプリ
プログラム
ダウンロード

なぜチートをするの？

利用規約《りようきやく》で禁止《きんし》されているにもかかわらず、チートをする人《ひと》がいます。それはなぜなのでしょうか。

▼早《はや》く強《つよ》くなりたい

レベル上《あ》げやアイテム集《あつ》めなどに時間《じかん》をかけず、手《て》っ取《と》り早《ばや》く強《つよ》くなって、「無敵《むてき》」状態《じょうたい》になりたいという気持《きも》ちが、チート行為《こうい》の理由《りゆう》のひとつです。

▼ともだちに認《みと》めてほしい

ゲームでよい結果《けっか》を出《だ》し、ともだちなどに注目《ちゅうもく》されたいという気《き》持《も》ちや、「弱《よわ》いとバカにされる」「仲間《なかま》はずれにされてしまう」と思《おも》うことも、チート行為《こうい》のきっかけになっています。

チート行為《こうい》は犯罪《はんざい》

チート行為《こうい》は、違法《いほう》だと判断《はんだん》されるケースもあります。

❶ゲーム会社《がいしゃ》の著作物《ちょさくぶつ》（つくったもの）を、勝手《かって》にかえたことで「著作者人格権侵害《ちょさくしゃじんかくけんしんがい》」と判断《はんだん》されるケース。

❷コンピューターやデータなどの動作《どうさ》をかえて業務《ぎょうむ》を妨害《ぼうがい》することで「電子計算機損壊等業務妨害罪《でんしけいさんきそんかいとうぎょうむぼうがいざい》」と判断《はんだん》されるケース。

❸不正《ふせい》なデータをつくり、ゲーム会社《がいしゃ》のデータの処理《しょり》を妨害《ぼうがい》することで「私電磁的記録不正作出《しでんじてききろくふせいさくしゅつ》・同供用罪《どうきょうようざい》」と判断《はんだん》されるケース。

CASE チートツールを使用《しよう》して逮捕《たいほ》

「チートツールを使《つか》っても、警察《けいさつ》に捕《つか》まることはない」と思《おも》っている人《ひと》もいるかもしれませんが、チートツールを使《つか》ったことによる逮捕者《たいほしゃ》が出《で》ています。

チートツールで強化《きょうか》したアカウントや、手《て》にいれたキャラクターをネットオークションなどで売《う》った人《ひと》たちが、ゲームを不正《ふせい》にコントロールし、ゲーム会社《がいしゃ》に損《そん》をさせた、ということで逮捕《たいほ》されているのです。

リアルマネートレードってなに？

他人《たにん》のゲームのアイテムをお金《かね》で買《か》う

ゲームなど、現実《げんじつ》ではない場所《ばしょ》のアイテムなどを、現実社会《げんじつしゃかい》でのお金《かね》で売買《ばいばい》することを「リアルマネートレード（RMT《アールエムティー》）」といいます。

RMT《アールエムティー》では、ゲームをプレイすることでしか手《て》にはいらないアイテムや、ゲームのアカウントそのもののような、本当《ほんとう》はお金《かね》で買《か》えないはずのものをお金《かね》をしはらって手《て》にいれられます。

RMT《アールエムティー》で売《う》り買《か》いされているもの

オンラインゲームのRMT《アールエムティー》でどのようなものが売《う》り買《か》いされているのか、ここでは代表的《だいひょうてき》なものを紹介《しょうかい》します。

▼ゲームのなかで使《つか》えるお金《かね》

RMT《アールエムティー》で多《おお》く取《と》りあつかわれているのが、ゲームのなかで使《つか》えるお金《かね》（ゲーム内通貨《ないつうか》）です。特《とく》に、ゲーム内通貨《ないつうか》がたくさん必要《ひつよう》なゲームを対象《たいしょう》にして、取引《とりひき》されています。

▼ゲームのアイテム

ゲームでなかなか手《て》にはいらないレアアイテムやキャラクターも、売買《ばいばい》の対象《たいしょう》になります。ガチャで当《あ》てるよりも確実《かくじつ》だとして、R《アール》MT《エムティー》でも人気《にんき》があり、高額《こうがく》で取引《とりひき》されているものもあります。

▼ゲームアカウント

レアなキャラクターをもっていたり、レベルやランクが高《たか》かったりするアカウントが、RMT《アールエムティー》で取引《とりひき》されています。チートツールで強化《きょうか》されたアカウントが、売買《ばいばい》されることもあります。

RMT《アールエムティー》でおきるトラブル例《れい》

RMT《アールエムティー》のどんなことが問題《もんだい》なのでしょうか。そして、どんなトラブルの可能性《かのうせい》があるのか、確認《かくにん》しておきましょう。

▼詐欺《さぎ》にあう可能性《かのうせい》もある

「お金《かね》をしはらったのに、アイテムやアカウントのデータが送《おく》られてこない」「送《おく》られてきたデータが、自分《じぶん》が希望《きぼう》していたものとちがっていた」といった、詐欺《さぎ》にあう可能性《かのうせい》があります。

もし被害《ひがい》にあったとしても、RMT《アールエムティー》はゲームの利用規約《りようきやく》で禁止《きんし》されている行為《こうい》なので、ゲーム会社《がいしゃ》などには対応《たいおう》してもらえません。

▼アカウント自体《じたい》に問題《もんだい》がある場合《ばあい》も

RMT《アールエムティー》で売《う》られているアカウントには、チートツールを利用《りよう》して強化《きょうか》されたものだったり、不正《ふせい》ログインによってぬすんだものだったりすることがあります。

そのため、これらのアカウントを買《か》い、使《つか》ってしまうと、知《し》らないうちに不正行為《ふせいこうい》にまきこまれることとなり、自分自身《じぶんじしん》が不正行為《ふせいこうい》をおこなったように見《み》なされてしまいます。

知《し》らないうちに
まきこまれる
なんてこわいな

CASE RMT《アールエムティー》で買《か》ったアカウントにBOT《ボット》が使《つか》われていた

あるオンラインゲームで、「もっと強《つよ》い状態《じょうたい》でプレイしたい！」と思《おも》った小学《しょうがく》6年生《ねんせい》のＬ《エル》くんは、キャラクターが強化《きょうか》されたアカウントをRMT《アールエムティー》で買《か》いました。無敵状態《むてきじょうたい》になったキャラクターで楽《たの》しく遊《あそ》んでいたところ、このアカウントがBOT《ボット》でレベル上《あ》げやアイテム集《あつ》めなどをおこなっていたとわかり、ゲーム会社《がいしゃ》からとつぜんアカウントを停止《ていし》されてしまいました。

ゲーム代行《だいこう》ってやっていいの？

ゲーム代行《だいこう》ってなに？

本人《ほんにん》にかわってなにかをすることを、「代行《だいこう》」といいます。最近《さいきん》では、だれかのかわりにゲームをプレイする「ゲーム代行《だいこう》」で、お金《かね》をかせいでいる人《ひと》がいます。

多《おお》くのゲーム代行《だいこう》では、ゲームをする時間《じかん》のない人《ひと》のかわりに、キャラクターの強化《きょうか》や、レアアイテムの入手《にゅうしゅ》といった、時間《じかん》のかかることをおこないます。代金《だいきん》は、上《あ》げたレベルやゲームのむずかしさなどで決《き》められます。

▼ゲーム代行《だいこう》のしくみ

ここでは、ゲーム代行《だいこう》のしくみの一例《いちれい》を紹介《しょうかい》します。

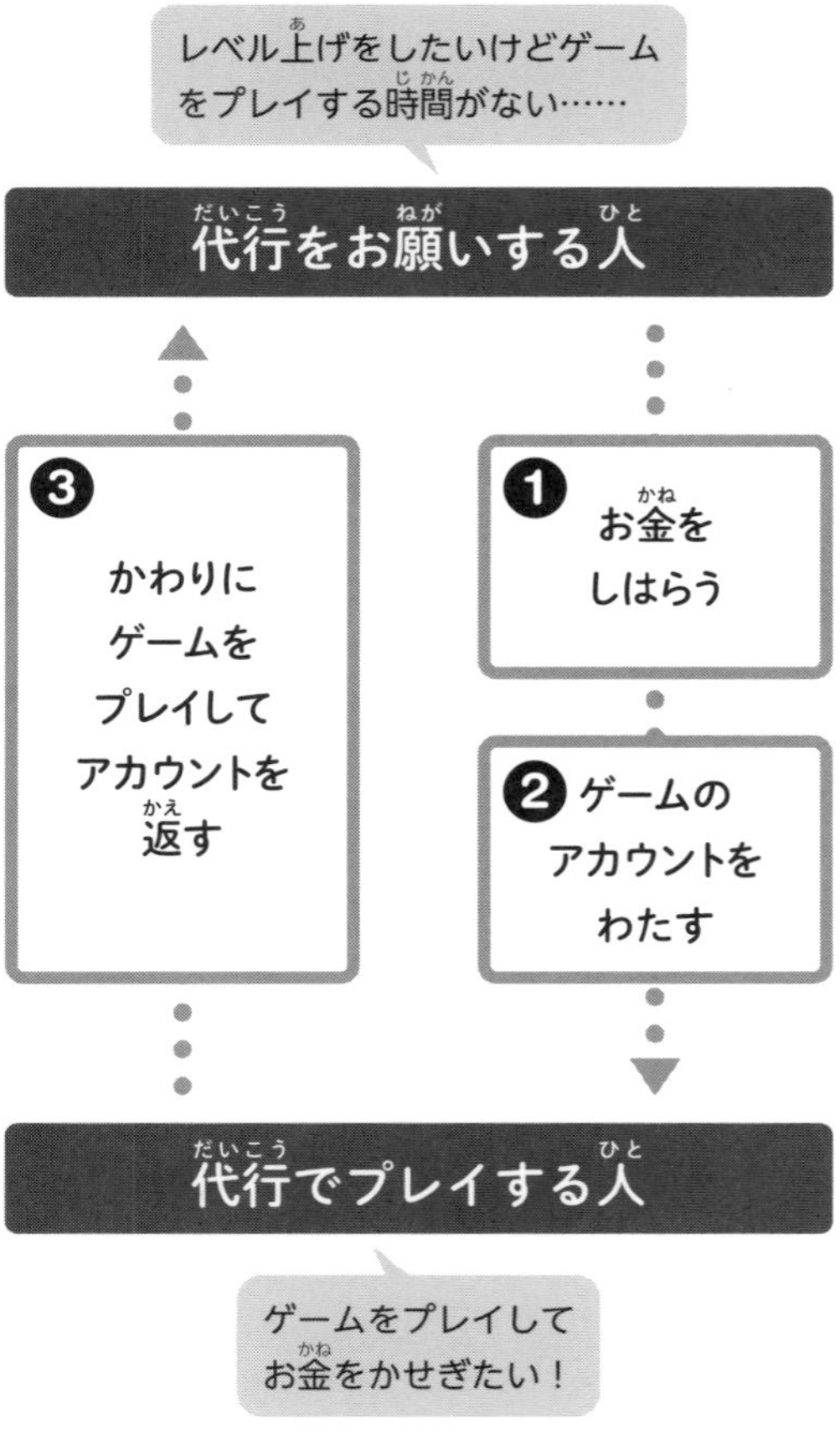
レベル上《あ》げをしたいけどゲームをプレイする時間《じかん》がない……
代行《だいこう》をお願《ねが》いする人《ひと》
❶ お金《かね》をしはらう
❷ ゲームのアカウントをわたす
❸ かわりにゲームをプレイしてアカウントを返《かえ》す
代行《だいこう》でプレイする人《ひと》
ゲームをプレイしてお金《かね》をかせぎたい！

ゲーム代行《だいこう》の問題点《もんだいてん》

不正行為《ふせいこうい》には見《み》えないゲーム代《だい》行《こう》ですが、じつはいくつものトラブルがひそんでいます。

▼利用規約《りようきやく》で禁止《きんし》されていることが多《おお》い

アカウントを貸《か》したり、ID《アイディー》やパスワードを人《ひと》に教《おし》えたりすることは、ほとんどのゲームで禁止《きんし》されています。そのため、アカウント情報《じょうほう》を代行者《だいこうしゃ》に教《おし》えることは、規約違反《きやくいはん》にあたります。

また、代行者《だいこうしゃ》が、規約《きやく》で禁止《きんし》されているチートツールを、アカウントの持《も》ち主《ぬし》に無断《むだん》で使《つか》うこともあり、いずれの場合《ばあい》もアカウントを停止《ていし》される可能性《かのうせい》があります。

▼ID《アイディー》・パスワードを伝《つた》えるのはとても危険《きけん》

ゲーム代行《だいこう》をしてもらうには、アカウントのID《アイディー》やパスワードを相手《あいて》に教《おし》える必要《ひつよう》があります。

本来《ほんらい》、パスワードは、他人《たにん》にはぜったいに教《おし》えてはいけないものです。つまり、**ゲーム代行《だいこう》とは、大切《たいせつ》なパスワードを他人《たにん》に教《おし》えるというとても危険《きけん》な行為《こうい》で、個人《こじん》情報《じょうほう》がぬすまれるなど、トラブルにつながる可能性《かのうせい》が高《たか》い**のです。

お金《かね》のやり取《と》りも
トラブルの原因《げんいん》になる
危険《きけん》があるな

Check アカウント凍結《とうけつ》（BAN《バン》）ってなに？

これまでに紹介《しょうかい》した、利用規約《りようきやく》で禁止《きんし》された行為《こうい》や、不正行為《ふせいこうい》をおこなうと、ゲーム会社《がいしゃ》からアカウントを停止《ていし》されることがあります。これを「アカウント凍結《とうけつ》」、もしくは「アカウントBAN《バン》」といいます。

アカウント凍結《とうけつ》には、一時的《いちじてき》なものと永久《えいきゅう》につづくものがあります。一時的《いちじてき》であれば、ゲーム会社《がいしゃ》が決《き》めた期間《きかん》だけとめられて、そのあとで再《ふたた》びゲームができるようになります。しかし、永久《えいきゅう》につづく場合《ばあい》は、アカウントのデータを凍結《とうけつ》されて、二《に》度《ど》とゲームができなくなります。

Column

ペアレンタルコントロールってなに？

スマートフォンやゲームに関《かか》わるトラブルから身《み》を守《まも》るために役立《やくだ》つのが、ペアレンタルコントロールです。

デバイスを安全《あんぜん》に使《つか》うための機能《きのう》

ペアレンタルコントロールとは、子《こ》どもがスマートフォンやパソコンなどのデバイスを安全《あんぜん》に使用《しよう》するために、保護者《ほごしゃ》がデバイスを制限《せいげん》したり管理《かんり》したりする機能《きのう》のことです。デバイスの種類《しゅるい》やメーカー（会社《かいしゃ》）によって機能《きのう》はさまざまで、きほん的《てき》にデバイスを使用《しよう》する前《まえ》に設定《せってい》します。

ルールや年齢《ねんれい》にあわせる

ペアレンタルコントロールの機能《きのう》を使用《しよう》する場合《ばあい》は、年齢《ねんれい》や状況《じょうきょう》、家《いえ》で決《き》めたルールにあわせて機能《きのう》をえらぶことがポイントです。トラブルについて学《まな》び、自分《じぶん》で「気《き》をつけよう」と思《おも》えるようになったら、管理《かんり》や制限《せいげん》を保護者《ほごしゃ》といっしょに見直《みなお》してもいいでしょう。

ペアレンタルコントロールの機能《きのう》の例《れい》

アプリの管理《かんり》	ダウンロードできるアプリや、アプリごとの利用時間《りようじかん》を管理《かんり》する。
しはらいの管理《かんり》	アプリでのアイテム課金《かきん》や、ネットでのしはらいなどを管理《かんり》する。
使用時間《しようじかん》の制限《せいげん》	デバイスを使用《しよう》できる時間《じかん》を決《き》められる。
フィルタリング	子《こ》ども向《む》けではないサイト、アプリなどを見《み》たり、使《つか》ったりすることを制限《せいげん》する。

第《だい》4章《しょう》

ゲームを楽《たの》しくつづけよう

オンラインゲームは、「ずっと遊《あそ》んでいたい」と思《おも》えるほど楽《たの》しいものです。しかし、その気持《きも》ちが強《つよ》くなりすぎて、ルールが守《まも》れなくなったり、ふだんの生活《せいかつ》にえいきょうが出《で》てきたりしたら、注意《ちゅうい》しましょう。

ナオキ あのさ…… 早《はや》く元《もと》のランクに戻《もど》りたいのわかるけど、ちゃんと夜《よる》は寝《ね》たほうがいいんじゃない？
いや、大丈夫《だいじょうぶ》 だいじょう……

Episode 7

ゲームのやりすぎで……

RANK 14
ナオ
SHOP
FRIEND
GACHA
おお〜!!
けっこう進《すす》んでるじゃん！
この短《みじか》い間《あいだ》でよくランク上《あ》げたな
また1からやりなおしてなんとかここまで……
あっ
ぼくそろそろ塾《じゅく》いかなきゃ
じかんやばい
そういえばおれもおつかいたのまれてたんだった
今日《きょう》はもう帰《かえ》るか

じゃあまた
明日《あした》学校《がっこう》で
にしても、本当《ほんとう》にどうやってランク上《あ》げしたんだ?
いやー ほんと大変《たいへん》でさ……
夜《よる》にお母《かあ》さんに見《み》つからないようにこっそりかくれてやってるんだ
あー ねむい…
ふわぁ…
おやすみー
こそこそ
でも、このペースならすぐにもとのランクまでもどれそう!
ええ……
わかってるって
またあした
じゃーねー
ほどほどにしろよ

よし
次《つぎ》の問題《もんだい》を前《まえ》に出《で》て
解《と》いてくれる……
人《ひと》は
いるか、な……？
ム―…!
ナオキ!!
1番前《ばんまえ》の席《せき》で
寝《ね》るやつがいるか!!
え……
もう給食《きゅうしょく》？
じゅる
なにいってるんだ!
まだ1時間目《じかんめ》だぞ
ガミ
ガミ
ハッ
ご、ごめんなさい!!
わ～～っ

……
はぁ……今日《きょう》は めちゃくちゃ 怒《おこ》られたなあ
ナオキ あのさ…… 早《はや》く元《もと》のランクに 戻《もど》りたいの わかるけど、 ちゃんと夜《よる》は 寝《ね》たほうが いいんじゃない？
いや、大丈夫《だいじょうぶ》 だいじょう……
ゴッ
ぶっ!!
いわん こっちゃ ない
あいたた
でも大丈夫《だいじょうぶ》！
早《はや》く コウヘイや ハルカちゃんに 追《お》いつきたいんだ
じん じん
だから がんばる！
ナオキ……

ゲームのやりすぎによる体《からだ》の不調《ふちょう》

ゲームに集中《しゅうちゅう》していて自分《じぶん》では気《き》づかないことも

ゲームに集中《しゅうちゅう》していると、時間《じかん》をわすれてしまったり、ずっと同《おな》じ姿勢《しせい》でプレイしていることに気《き》づかなかったりします。特《とく》に、寝《ね》る時間《じかん》や食事《しょくじ》の時間《じかん》もなくしてプレイするのは危険《きけん》です。

ここでは、ゲームをやりすぎることでおきる体《からだ》の不調《ふちょう》を紹介《しょうかい》します。116～117ページの不調《ふちょう》を防《ふせ》ぐためのルールとあわせてチェックしてください。

どんな症状《しょうじょう》が出《で》るの？

長時間《ちょうじかん》ゲームをプレイすることで、体《からだ》にどのようなえいきょうがあるか知《し》っておきましょう。

▼寝不足《ねぶそく》

「寝不足《ねぶそく》」というのは、じゅうぶんな睡眠《すいみん》が取《と》れていない状態《じょうたい》のことです。寝不足《ねぶそく》だと、眠気《ねむけ》で集中《しゅうちゅう》できないために授業中《じゅぎょうちゅう》にも関《かか》わらず寝《ね》てしまったり、体《からだ》にたまったつかれが取《と》れなかったりして、日中《にっちゅう》の活動《かつどう》にさまざまなえいきょうが出《で》ます。

▼目《め》のつかれ

スマートフォンなどの画面《がめん》を見《み》つづけていると、だんだんと目《め》がつかれてきます。近《ちか》いきょりで画面《がめん》を見《み》ていることが、つかれの原因《げんいん》のひとつです。

ほかにも、画面《がめん》が発《はっ》している強《つよ》い光《ひかり》が、目《め》をつかれさせたり、睡眠《すいみん》のじゃまをしたりします。

寝《ね》ないと体《からだ》だけじゃなく目《め》のつかれも取《と》れないよね

▼頭痛《ずつう》

目《め》のつかれが、頭痛《ずつう》をひきおこすこともあります。ほかにも、長《ちょう》時間同《じかんおな》じような姿勢《しせい》でゲームをつづけることで、頭《あたま》や首《くび》のうしろ、背中《せなか》などの血《ち》のめぐりが悪《わる》くなってしまうのも、頭痛《ずつう》の原因《げんいん》のひとつといわれています。

▼3D《スリーディー》酔《よ》い

「3D酔《スリーディーよ》い」は、乗《の》りもの酔《よ》いと同《おな》じような吐《は》き気《き》やめまいの症状《しょうじょう》が出《で》ることです。画面《がめん》のゆれや、キャラクターの動《うご》きがはげしいゲームなどでおこりやすいとされています。部屋《へや》の明《あ》かりや画面《がめん》の大《おお》きさなど、プレイする状況《じょうきょう》（環境《かんきょう》）によるえいきょうもあると考《かんが》えられているようです。

▼手《て》や肩《かた》などの痛《いた》み

長時間《ちょうじかん》ゲームをプレイしていると、手《て》や手首《てくび》、首《くび》のうしろ、肩《かた》などがだるくなったり、痛《いた》くなったりします。これは同《おな》じ姿勢《しせい》でゲームをプレイしているために、筋肉《きんにく》がきんちょうして、かたまってしまうことが原因《げんいん》のひとつとされます。痛《いた》みをむししてプレイしていると、けがにつながってしまう場合《ばあい》もあり、非常《ひじょう》に危険《きけん》です。

体《からだ》の不調《ふちょう》があると
ゲーム以外《いがい》のことにも
集中《しゅうちゅう》できない……
どう気《き》をつければ
いいんだろう？

CASE フリックの動作《どうさ》で腱鞘炎《けんしょうえん》に

M《エム》さんは、最近手首《さいきんてくび》の痛《いた》みやしびれになやんでいます。保護者《ほごしゃ》といっしょに病院《びょういん》にいってみると、オンラインゲームをプレイしているときの「フリック」とよばれる動作《どうさ》で腱鞘炎《けんしょうえん》になっていることがわかりました。フリックとは、指《ゆび》ではじくようにして画面《がめん》を操作《そうさ》する動《うご》きのことです。フリックは、手全体《てぜんたい》がつかれやすい動《うご》きのため、ゲームをするときは休《きゅう》けいを取《と》りましょう。

自《じ》分《ぶん》の体《からだ》のために守《まも》りたいこと

ゲームを楽《たの》しみたいなら自《じ》分《ぶん》の体《からだ》を大切《たいせつ》に

体調《たいちょう》が悪《わる》いときは、すきなゲームで遊《あそ》んでも心《こころ》から「楽《たの》しい！」とは感《かん》じられません。ゲームを楽《たの》しむためには、自《じ》分《ぶん》の体《からだ》が元気《げんき》で、健康《けんこう》であることが大切《たいせつ》です。

健康《けんこう》のためには、なにより休《やす》むことが一番《いちばん》です。自《じ》分《ぶん》では大丈夫《だいじょうぶ》、まだできると思《おも》っていても、体《からだ》はつらいと感《かん》じている場合《ばあい》もあります。**かならず決《き》まった時間《じかん》に休《きゅう》けいを取《と》るようにしてください。**

よく寝《ね》ると集中力《しゅうちゅうりょく》も上《あ》がる！

寝《ね》る時間《じかん》をしっかり確保《かくほ》することはとても重要《じゅうよう》です。寝《ね》ることで、体《からだ》が休《やす》まったり、集中力《しゅうちゅうりょく》や記憶力《きおくりょく》が上《あ》がったりして、ゲームだけでなく勉強《べんきょう》や習《なら》いごとにもいいえいきょうがあります。

▼睡眠《すいみん》のリズムがくずれると……

夜《よる》おそくまでゲームで遊《あそ》んでいると、朝学校《あさがっこう》に間《ま》にあうようにおきられなくなってしまいます。特《とく》に土日《どにち》・祝日《しゅくじつ》や、夏休《なつやす》みなどの長《なが》い休《やす》みのあいだは、生活《せいかつ》のリズムがくずれてしまいがちです。リズムがくずれるともどすのが大変《たいへん》なので、自《じ》分《ぶん》で決《き》めたルールの時間《じかん》や回数《かいすう》を守《まも》って遊《あそ》びましょう。

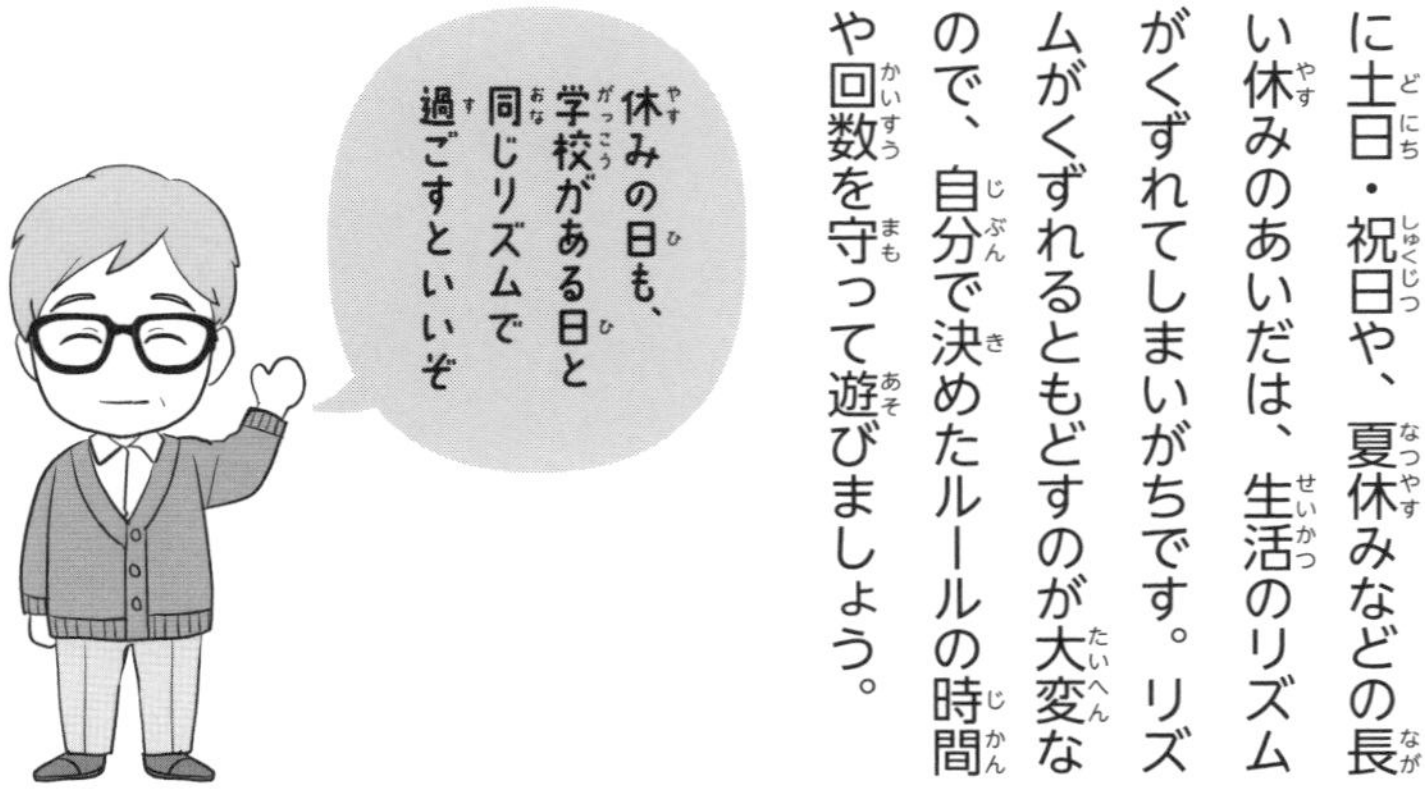

休《やす》みの日《ひ》も、
学校《がっこう》がある日《ひ》と
同《おな》じリズムで
過《す》ごすといいぞ

ゲームで遊《あそ》んでいるときにできること

ゲームをプレイしているときも、自分《じぶん》の体《からだ》のためにできることがあります。

▼かならず休《きゅう》けい時間《じかん》をつくろう

ゲームで遊《あそ》ぶときは、かならず休《きゅう》けい時間《じかん》をとるようにしましょう。休《きゅう》けい中《ちゅう》はトイレにいったり、水分《すいぶん》をとったりして、ゲームからはなれておきます。

例《たと》えば、スポーツゲームで3試合《しあい》プレイするときに、1試合《しあい》おわるごとに10分休《ぷんきゅう》けいすると決《き》めておくと、休《きゅう》けいのタイミングをつくりやすいです。

▼プレイ中《ちゅう》の姿勢《しせい》に気《き》をつけよう

ゆかやいすにすわった状態《じょうたい》で、スマートフォンやゲーム機《き》などでゲームをプレイするとき、画面《がめん》をのぞきこむように前《まえ》のめりの姿勢《しせい》になりやすいです。すると、背中《せなか》が丸《まる》まったり、画面《がめん》と目《め》のきょりが近《ちか》くなりすぎてしまったりします。画面《がめん》の位置《いち》は目《め》より少《すこ》し下《した》の高《たか》さにして、あごをひき、背中《せなか》はのばすようにしましょう。

Check　家族《かぞく》で休《きゅう》けいする時間《じかん》をつくる

保護者《ほごしゃ》や、ほかのきょうだいといっしょに休《きゅう》けいする時間《じかん》をつくるのもいいでしょう。ひとりだとつい休《きゅう》けいをわすれたり、むししたりする場合《ばあい》でも、ほかの人《ひと》がいっしょなら「休《きゅう》けいしようよ」と声《こえ》かけがしやすいというメリットもあります。

休《きゅう》けいのときは、全員《ぜんいん》がスマートフォンやゲーム機《き》などはさわらないようにして、会話《かいわ》などのコミュニケーションを楽《たの》しむようにしましょう。ほかにも、すきなゲームキャラクターを描《か》いたり、ボードゲームなどオンラインゲーム以外《いがい》のゲームで遊《あそ》んだりしても、楽《たの》しく過《す》ごすことができます。

Episode 8

ゲームのことが気《き》になりすぎる！

お、
おはよう……
ぼ〜〜
ちょっと……
顔色悪《かおいろわる》くない？
かぜでもひいた？
そ、そう……？
元気《げんき》だよ
そうは
見《み》えないけど……
今日《きょう》は学校《がっこう》
休《やす》んだらどう？
ヨシノリ
コウヘイくんに
ナオキの連絡帳《れんらくちょう》
わたしておいて
くれる？
はーい

ナオキ 大丈夫《だいじょうぶ》かな ゲームは元気《げんき》に してるっぽいけど
あっ
コウヘイくん！
ヨシノリさん
おはようございます
おはよー
ちょうど よかった
ナオキ、今日《きょう》学校《がっこう》休《やす》むから 連絡帳《れんらくちょう》もって いってほしくてさ
ナオキ どうしたん ですか？
なんか体調《たいちょう》 悪《わる》いみたいでさ
えっ
あいつあんまり かぜひいたり しないタイプ なんだけど……
あ、ヨシノリさん……
じつは……

コンコン
ナオキ はいるぞ
ヨシノリ兄《にい》ちゃん おかえりー
……
体調《たいちょう》どう？
元気《げんき》ばっちり！
今日《きょう》ずっと寝《ね》てたし……
スッキリ
そっか
ほっ
あのさ…… 最近《さいきん》夜《よる》おそくもゲームしてるんだって？
！
なぜそれを……
コウヘイか？
ルールを守《まも》ってないのはいったん置《お》いておいて
そこまでしなきゃいけない理由《りゆう》があるのか？

うーん
この前《まえ》、ゲームのID《アイディー》とパスワードがぬすまれちゃったじゃん
おれ、コウヘイやハルカちゃんよりはじめるのおそかったし、
「早《はや》く追《お》いつかなきゃ」って思《おも》うんだ
そうしなきゃ2人《ふたり》と楽《たの》しく遊《あそ》べない気《き》がして……
ナオキ……
そんなことないよ強《つよ》いとか弱《よわ》いとか、2人《ふたり》とも気《き》にせず遊《あそ》んでくれてるじゃん
むしろ今《いま》のナオキを心配《しんぱい》してるって
そっか……そうだよねおれ無茶《むちゃ》な遊《あそ》びかたはやめるよ
よしっ！じゃあルールをやぶった分《ぶん》1週間《しゅうかん》スパラは禁止《きんし》だな
あーっ！わすれてると思《おも》ったのにっ

ゲーム依存《いぞん》ってなに？

ゲームのことが頭《あたま》からはなれない状態《じょうたい》

ゲームのことが気《き》になって、ほかのことが考《かんが》えられない。1日《にち》のほとんどの時間《じかん》をゲームに使《つか》い、家族《かぞく》やともだちとの会話《かいわ》もめんどうに感《かん》じてしまう。自分《じぶん》でも「ゲームをやめたい」と思《おも》っても、やめられない。そんな状態《じょうたい》のことをゲーム依存《いぞん》といいます。

依存《いぞん》する気持《きも》ちは、ゲーム以外《いがい》にもさまざまなもの・ことに対《たい》しうまれます。

「ゲーム障害《しょうがい》」として世界的《せかいてき》に注目《ちゅうもく》される

ゲーム依存《いぞん》は、「依存症《いぞんしょう》」という病気《びょうき》のなかのひとつとして考《かんが》えられてきました。

しかし、世界保健機構《せかいほけんきこう》（WHO《ダブリューエイチオー》）が2019年《ねん》に発表《はっぴょう》した「国際疾病分類《こくさいしっぺいぶんるい》（ICD《アイシーディー》）」とよばれる病気《びょうき》の分類《ぶんるい》（ICD《アイシーディー》-11）で、新《あら》たに**「ゲーム障害《しょうがい》」として分類《ぶんるい》されることになりました。こうして、世界的《せかいてき》に注目《ちゅうもく》されるようになったのです。**

▼ゲーム障害《しょうがい》以外《いがい》のゲームに関《かか》わる問題《もんだい》

「Hazardous Gaming《ハザードズゲーミング》（危険なゲーム行為《こうい》）」とは、ゲーム障害《しょうがい》をのぞいたゲームに関《かか》わる問題行動《もんだいこうどう》やトラブルのことです。

運動不足《うんどうぶそく》やみだれた食生活《しょくせいかつ》など、おもに体《からだ》の健康《けんこう》に関《かか》わる問題《もんだい》で、ゲーム障害《しょうがい》とは区別《くべつ》されて使《つか》われています。

ゲーム障害《しょうがい》につながる危険《きけん》がある「Hazardous Gaming《ハザードズゲーミング》」を防《ふせ》いで、健康的《けんこうてき》にゲームで遊《あそ》べるように気《き》をつけましょう。

ゲーム依存《いぞん》がひきおこす行動《こうどう》

ゲームに依存《いぞん》するようになると、自分《じぶん》でも気《き》づかないうちに問《もん》題行動《だいこうどう》をおこしてしまいます。もしくは、気《き》づいても自分《じぶん》ではやめられなくなってしまいます。

依存《いぞん》がさらに強《つよ》まると、ゲームのことが気《き》になって学校《がっこう》にいけなくなったり、寝《ね》ることや食《た》べることもしないでゲームをしたり、ふだんの生活《せいかつ》にもえいきょうが出《で》るようになります。

問題《もんだい》になる行動《こうどう》の例《れい》

ゲームをプレイする時間《じかん》やタイミング、回数《かいすう》などをコントロールできない。

課金《かきん》のルールが守《まも》られなかったり、自分《じぶん》ではしはらえない高額《こうがく》な課金《かきん》をくり返《かえ》す。

ゲームが生活《せいかつ》の中心《ちゅうしん》になってしまい、どんなときでもゲームを優先《ゆうせん》してしまう。

ともだちと話《はな》さなくなったり、不登校《ふとうこう》になったりしてしまう。

ゲーム以外《いがい》のことがなにもしたくなくなっちゃうんだ

CASE ゲームを86時間《じかん》つづけてプレイし、死亡《しぼう》

2002年《ねん》、韓国《かんこく》でオンラインゲームを86時間《じかん》つづけてプレイしていた20代《だい》の男《だん》性《せい》が死亡《しぼう》するという事件《じけん》がおこりました。このような長時間《ちょうじかん》のゲームプレイによる死亡事件《しぼうじけん》は、中国《ちゅうごく》やイギリスなどでもおきています。死亡《しぼう》の原因《げんいん》は、長時間同《ちょうじかんおな》じ姿勢《しせい》でいることで血《ち》の流《なが》れが悪《わる》くなり、血《ち》のかたまりが肺《はい》の血管《けっかん》をつまらせてしまう「エコノミークラス症候群《しょうこうぐん》」などがあげられます。

ゲーム依存《いぞん》によるトラブル

依存《いぞん》がトラブルに、トラブルが依存《いぞん》につながる

ゲームに依存《いぞん》することで、学校《がっこう》生活《せいかつ》や家《いえ》などでトラブルがおきるようになります。

また、トラブルがおきることでさらにゲームに依存《いぞん》するようになる場合《ばあい》があります。

そうなるとトラブルがつづき、状況《じょうきょう》は悪《わる》くなるばかりです。**自分《じぶん》たちだけではトラブルをとめることができなくなってしまうのが、「依存《いぞん》」のこわい点《てん》です。**

ふだんの生活《せいかつ》ができなくなる

学校《がっこう》がはじまる時間《じかん》におきられなかったり、授業《じゅぎょう》についていけなくなったりすると、「学校《がっこう》がつまらない」「先生《せんせい》には怒《おこ》られてばかり」と感《かん》じてしまいます。そして、学校《がっこう》を休《やす》みがちになり「不登校《ふとうこう》」になる可能性《かのうせい》があります。

ほかにも、ゲームをプレイするために、ともだちとも遊《あそ》ばず、「風呂《ふろ》にはいる」「ごはんを食《た》べる」などもしなくなってしまいます。

CASE ゲーム以外《いがい》にきょうみがもてない

N《エヌ》さんは、「ともだちのなかで1番強《ばんつよ》くなりたい！」と思《おも》い、毎日夜《まいにちよる》おそくまでゲームをしていました。いつもゲームのことばかり考《かんが》えるようになり、先生《せんせい》や保護者《ほごしゃ》から注意《ちゅうい》されてもうわのそらです。依存《いぞん》しているもの・こと以外《いがい》へのきょうみが失《うしな》われてしまうのも、依存《いぞん》の特徴《とくちょう》のひとつです。

まわりのサポートがなく さらにゲームにのめりこむ

保護者《ほごしゃ》からは、学校《がっこう》を休《やす》んでいても、家《いえ》では元気《げんき》にゲームばかりして「ただサボっているだけ」のように見《み》えてしまいます。自分《じぶん》でも本当《ほんとう》は学校《がっこう》にいくべきだとわかっているのに、家《いえ》でも「ゲームをやめて学校《がっこう》にいきなさい」と怒《おこ》られると、ますます自分《じぶん》を傷《きず》つけないゲームの世界《せかい》にのめりこんでしまうのです。

ゲームのなかで
ほめられたりすると、
きっと現実《げんじつ》より
ゲームがいい！
ってなるよね

依存《いぞん》がうみ出《だ》す 悪《わる》いサイクル

さらにゲームに依存《いぞん》するようになると、現実《げんじつ》でもまた悪《わる》い方向《ほうこう》へと進《すす》みます。そしてまたトラブルがおきると、ゲームをプレイすることで気持《きも》ちを落《お》ち着《つ》かせようとしたり、トラブルをわすれようとしたりして、ますますゲームに依《い》存《ぞん》するようになるのです。

ゲームをプレイする時間《じかん》が長《なが》くなる
↓
生活《せいかつ》にえいきょうが出《で》る
●朝《あさ》おきられない
●授業《じゅぎょう》についていけない
↓
学校《がっこう》にいきたくなくなり、休《やす》むようになる

CASE スマートフォンを取《と》り上《あ》げられて……

オンラインゲームにハマり、毎日食事中《まいにちしょくじちゅう》もスマートフォンを操作《そうさ》するＯ《オー》さん。Ｏ《オー》さんの保護者《ほごしゃ》は、思《おも》わず「いいかげんにしなさい！」とスマートフォンを取《と》り上《あ》げます。すると、ふだんのおとなしいＯ《オー》さんからは想像《そうぞう》できないくらいの大声《おおごえ》で「返《かえ》せ！」とさけび、家《いえ》のなかであばれはじめました。依存《いぞん》は、むりにやめさせて解決《かいけつ》できる問題《もんだい》ではないのです。

不安《ふあん》になったらまよわず相談《そうだん》しよう

自分《じぶん》でも「変《へん》だな？」と思《おも》ったら……

ゲームが楽《たの》しくないのにやめられない。ゲームのことばかり考《かんが》えて、学校《がっこう》も楽《たの》しくない。そんなふうに思《おも》ったら、ひとりでなやまずに相談《そうだん》してください。まわりもようすがおかしいと気《き》づき、心配《しんぱい》しているかもしれません。

ゲーム依存《いぞん》ではなかったとしても、自分《じぶん》の生活《せいかつ》やルールを見直《みなお》し、ゲームを楽《たの》しくつづけるためのきっかけになります。

依存《いぞん》はひとりでは解決《かいけつ》できない

ゲーム依存《いぞん》になった場合《ばあい》、ひとりでは解決《かいけつ》できません。かならず、まわりの人《ひと》に相談《そうだん》するようにしましょう。

▼保護者《ほごしゃ》と相談《そうだん》する

まずは保護者《ほごしゃ》に相談《そうだん》することをおすすめします。家《いえ》でのルールが守《まも》られていないことも知《し》っているはずなので、すでに「ようすがおかしいな？」と気《き》づいている可能《かのう》性《せい》もあります。

▼学校《がっこう》で相談《そうだん》する

学校《がっこう》の先生《せんせい》や、保健室《ほけんしつ》の先生《せんせい》に相談《そうだん》するのもひとつの方法《ほうほう》です。

また、学校《がっこう》には心《こころ》のなやみにくわしい「スクールカウンセラー」とよばれる専門家《せんもんか》がいる場合《ばあい》があります。

▼窓口《まどぐち》で相談《そうだん》する

保護者《ほごしゃ》や先生《せんせい》に相談《そうだん》しづらい場《ば》合《あい》は、「相談窓口《そうだんまどぐち》」で聞《き》いてみるのもひとつの方法《ほうほう》です。オンラインゲームに関《かか》わる相談《そうだん》をうけてくれる窓口《まどぐち》は、142ページで紹介《しょうかい》しています。

病院《びょういん》はこまっている人《ひと》をサポートしてくれる

「依存《いぞん》かもしれない」とわかると、まわりの人《ひと》が病院《びょういん》にいくようにすすめてくる場合《ばあい》があります。病院《びょういん》と聞《き》くと、「また怒《おこ》られるかも」とこわくなったり、「やっぱり相談《そうだん》しなければよかった」と後悔《こうかい》したりするかもしれません。

しかし、まわりの人《ひと》に相談《そうだん》しづらいことも、病院《びょういん》の先生《せんせい》になら相談《そう》できる場合《ばあい》もあります。すすめられたら、勇気《ゆうき》を出《だ》していってみてください。

こわいところじゃ
ないってわかると
安心《あんしん》だね

ゲーム依存《いぞん》はだれにでもおこるもの

ゲームをしている人《ひと》なら、だれでもゲーム依存《いぞん》になる可能性《かのうせい》があります。ゲーム依存《いぞん》になりやすい性格《せいかく》や考《かんが》えかたの人《ひと》もいるといわれていますが、**依存《いぞん》するきっかけは「ともだちや家族《かぞく》とうまくいかない」「うまくなって人《ひと》にほめられたい」などさまざまです。**

「なんで自分《じぶん》だけこうなってしまうんだろう?」とひとりでなやまず、不安《ふあん》な気持《きも》ちを人《ひと》に話《はな》してみましょう。

もしともだちから相談《そうだん》を
受《う》けたら、先生《せんせい》と3人《にん》で
話《はな》してみるのはどうかな?

Check 保護者《ほごしゃ》が子《こ》どものためにできること

ゲームに限《かぎ》らず、依存《いぞん》というのは本当《ほんとう》にこわいものです。本人《ほんにん》が「やめたい」と思《おも》ったり、まわりが「やめなさい」としかったりしても、やめられないものだからです。

子《こ》どもから相談《そうだん》を受《う》けたら、自分《じぶん》の不安《ふあん》な気持《きも》ちやなやみを伝《つた》えてくれたことに対《たい》してお礼《れい》をいいましょう。そして、まずは「ごはんを食《た》べる」「夜《よる》は寝《ね》る」のような健康《けんこう》な生活《せいかつ》をおくるためのサポートをしてください。

また、保護者《ほごしゃ》と子《こ》どもだけの問題《もんだい》と思《おも》わず、学校《がっこう》や病院《びょういん》などに積極的《せっきょくてき》に協力《きょうりょく》をお願《ねが》いしましょう。

Column

家族《かぞく》でオンラインゲームを楽《たの》しむ

ともだちではなく、保護者《ほごしゃ》と遊《あそ》んでみるのもいいでしょう。
また、ゲームを楽《たの》しむ方法《ほうほう》はプレイするだけではありません。

プレイせずにゲームを楽《たの》しむ方法《ほうほう》

いっしょに遊《あそ》ぶなら、パーティーゲームなどがおすすめです。アクションゲームは、ゲームプレイになれていない人《ひと》にはむずかしいかもしれません。保護者《ほごしゃ》が「ゲームはやったことがない」「プレイするのが苦手《にがて》」という場合《ばあい》には、ゲーム実況《じっきょう》の動画《どうが》をいっしょに見《み》るといいです。

ルールづくりや見直《みなお》しにも役立《やくだ》つ

家《いえ》でのルール決《ぎ》めのときにゲーム実況《じっきょう》の動画《どうが》を見《み》ておくと、ゲームの特徴《とくちょう》がわかり、ルールを決《き》めやすいです。例《たと》えば、「1回遊《かいあそ》ぶのにどのくらい時間《じかん》がかかるのか」がわかると、自然《しぜん》と守《まも》りやすい時間《じかん》のルールをつくれます。見直《みなお》しが必要《ひつよう》になったときにも、いっしょにプレイしてみると問題点《もんだいてん》がわかります。

「ゲーム実況《じっきょう》」ってなに？

小《しょう》・中学生《ちゅうがくせい》にも人気《にんき》の「ゲーム実況《じっきょう》」。
動画《どうが》配信《はいしん》サイトでは、登録者数《とうろくしゃすう》が100万人《まんにん》を超《こ》える配信者《はいしんしゃ》もいます。

▶▶ ゲームを実況《じっきょう》プレイしている動画《どうが》や配信《はいしん》のこと

ゲーム実況《じっきょう》とは、配信者《はいしんしゃ》（ストリーマー）がゲームをプレイしながら、ゲームのなかでおきていることを実況《じっきょう》したり解説《かいせつ》したりする動画《どうが》や配信《はいしん》のことです。あっとおどろくようなプレイを見《み》せたり、攻略《こうりゃく》のポイントなどを話《はな》したりして、動画《どうが》や配信《はいしん》を見《み》ている視聴者《しちょうしゃ》（リスナー）を楽《たの》しませせます。視聴者《しちょうしゃ》はコメントやリアクションを送《おく》って、配信者《はいしんしゃ》とコミュニケーションをとることができます。

▶▶ どんなゲームも配信《はいしん》していいの？

動画《どうが》配信《はいしん》サイトには、たくさんのゲームの動画《どうが》が投稿《とうこう》されています。ただし、自由《じゆう》にすきなゲームの動画《どうが》を投稿《とうこう》したり、配信《はいしん》したりしていいわけではありません。ゲーム会社《がいしゃ》のなかには「ガイドライン」とよばれるルールをつくり、ゲーム実況動画《じっきょうどうが》の投稿《とうこう》や配信《はいしん》を制限《せいげん》しているところもあります。もしもゲーム実況《じっきょう》をしたいと思《おも》ったら、まずはガイドラインがないか公式《こうしき》サイトで探《さが》してみましょう。

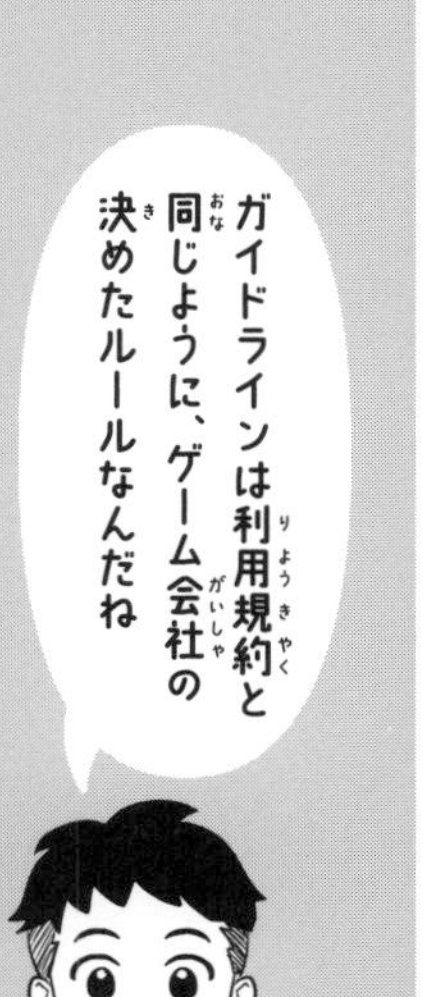
ガイドラインは利用規約《りようきやく》と
同《おな》じように、ゲーム会社《がいしゃ》の
決《き》めたルールなんだね

オンラインゲームって楽《たの》しい！

そういえば先生《せんせい》の子《こ》どももあれからスパラはじめたんだ
ちゃんとルールきめてな
え…ここもこう？
ちがうよー！こっち！
先生《せんせい》もたまに子《こ》どもに教《おそ》わりながらやってるよ
先生《せんせい》と？たのしそう！
いっしょにやってくれたらうれしいと思《おも》います
そうかな？
そうだといいんだが……
ナオキ、お前《まえ》もほどほどに宿題《しゅくだい》わすれるなよ
ニヤリ
はーい
ヨシノリもしっかりやれよ
はい
じゃあ2人《ふたり》とも、気《き》をつけて帰《かえ》りなさい

ただいまー
プリペイドカードをカメラで読《よ》みこんで……
できた！あとはゲームのショップで……
たぷ たぷ
購入完了《こうにゅうかんりょう》！やったー！
BAAAN
おー!!
いいじゃん強《つよ》そう
コウヘイくんとハルカちゃんとのオンラインマッチ、何時《なんじ》から？
14時《じ》！
あと5分
おれとの練習《れんしゅう》の成果《せいか》見《み》せなきゃ
がんばれ！
うん！
グッ
あの……
ヨシノリ兄《にい》ちゃん
ん？

ゲームをはじめるときいっしょにお母《かあ》さんを説得《せっとく》してくれてありがとう
ずっといいたかったけど、伝《つた》えるタイミングがなくて……
ナオキ……
じーん
お前《まえ》も成長《せいちょう》したなー
ちょっと！おれしんけんなのに
たしかに結果的《けっかてき》にはいろいろなトラブルがおきたけど……
どういうトラブルがおきる可能性《かのうせい》があるのかな？とか
トラブルを防《ふせ》ぐためにどういうルールがあったらいいのか、とか
考《かんが》えることがやっぱり大事《だいじ》だと思《おも》うよ
ネットで調べたり
保護者と相談したり

ナオキはおれや友《とも》だちに話《はな》してくれたし
ちゃんとトラブルやルールのことを考《かんが》えていたと思《おも》う
ヨシノリ兄《にい》ちゃん……
ありが、
あ
やばい!!時間《じかん》!!
ごめん兄ちゃんあとで!!
いいかんじだったのに…
ごめん!おまたせ
ナオキ!
大丈夫《だいじょうぶ》?
うん!はじめよう
ナオキくんの新《あたら》しい武器《ぶき》いい感《かん》じだね
ついに買《か》えたんだ
うん!すごく使《つか》いやすい!
……あっ
ガガガガガ
HIT!
ハルカちゃんうしろ!

お！！
今《いま》のうまかったぞ
ナオキくん
ナイスプレイ！
ありがとう!!
うん
やっぱり
オンラインゲームって
楽《たの》しい！

おわりに

オンラインゲームがどういうゲームなのか、
ほかの人《ひと》と遊《あそ》ぶときにどんなルールに気《き》をつければいいのか、
そして、どういったトラブルがおこる可能性《かのうせい》があるのか
この本《ほん》を通《とお》して学《まな》ぶことができましたか？

もし「よく学《まな》べた」と感《かん》じるのであれば、
保護者《ほごしゃ》が「オンラインゲームなんて危《あぶ》ないよ」
「ルールを守《まも》れないならやめなさい」といいたくなる気持《きも》ちが
少《すこ》し想像《そうぞう》できるようになったのではないでしょうか。

自分《じぶん》の身《み》を守《まも》るために必要《ひつよう》なのは正《ただ》しい知識《ちしき》を身《み》につけること、
そしてトラブルを防《ふせ》ぐために保護者《ほごしゃ》と協力《きょうりょく》して
ルールや遊《あそ》びかたをよく考《かんが》えることです。

この本《ほん》を読《よ》んで、もっとオンラインゲームを楽《たの》しむ準備《じゅんび》ができたはず。
みなさんが思《おも》いやりの気持《きも》ちをもってルールを守《まも》り、
これからも安全《あんぜん》にオンラインゲームで遊《あそ》んでくれたらうれしいです。

保護者のかたへ

オンラインゲームのトラブルは、ゲームのしくみの複雑さや、悪い大人の巧妙な手口がひきおこすものです。子どもだけでトラブルを防ぐことはむずかしく、かならず保護者のサポートが必要になることが、本書を通しておわかりいただけたかと思います。

困ったことがあったり、トラブルがおきたりしたときに、子どもが相談しやすい環境をつくることが保護者の役割です。オンラインゲームをコミュニケーションのきっかけととらえて、子どもの好きなことの話を聞いてみてください。自分が決めたルールを守って行動したり、トラブルについて知り解決方法を探したりすることで、子どもは自立していきます。オンラインゲームが、その成長機会をくれるもののひとつとして、みなさまに広く受け入れていただけることを願っています。

オンラインゲームの用語辞典《ようごじてん》

オンラインゲームやインターネットで使《つか》う用《よう》語《ご》を集《あつ》めました。知《し》らない単語《たんご》は自分《じぶん》でもどんどん調《しら》べてみましょう。

OS《オーエス》

コンピューターを動《うご》かす基本《きほん》のソフトウェアのこと。デバイスと、アプリなどの別《べつ》のソフトウェアをつなぐ役割《やくわり》がある。

TPS《ティーピーエス》

Third Person Shooter（サード・パーソン・シューター）の略《りゃく》。キャラクターの背《せ》中《なか》からの視点《してん》でプレイできるシューティングゲーム。

垢《あか》

ゲームのアカウントの「アカ」を漢字《かんじ》であらわしたもの。SNS《エスエヌエス》などでも使《つか》われる。2個以上《こいじょう》のアカウントを「複垢《ふくあか》（複数《ふくすう》アカウント）」という。

アップデート（アプデ）

ゲームのバグをなおしたり、新《あたら》しいシステムを増《ふ》やしたりするときにおこなう「更新《こうしん》」のこと。「パッチ」や「バージョンアップ」ともよばれる。

BOT《ボット》

ゲームなどの決《き》められた操作《そうさ》を、自動《じどう》でおこなうアプリやプログラムのこと。ゲームの公平性《こうへいせい》のために禁止《きんし》されている。

FAQ《エフエーキュー》

Frequently Asked Questions（フリークエントリー・アスクド・クエスチョンズ）の略《りゃく》で、「よくある質問《しつもん》」のこと。

FPS《エフピーエス》

First Person Shooter（ファースト・パーソン・シューター）の略《りゃく》。シューティングゲームのひとつで、ゲームのキャラクターと同《おな》じ視点《してん》でプレイできる。

MMORPG《エムエムオーアールピージー》

インターネットを通《つう》じて、大人数《おおにんずう》のプレイヤーが同時《どうじ》に参加《さんか》できるオンラインゲームのこと。

キック

特定《とくてい》のプレイヤーを、ゲームのなかの部《へ》屋《や》やチームから追《お》い出《だ》すこと。いやがらせ行為《こうい》や不正行為《ふせいこうい》をしているプレイヤーに使《つか》う機能《きのう》。

サーバー

ゲームに必要《ひつよう》なデータやサービスを提供《ていきょう》してくれる（届《とど》けてくれる）コンピューターのこと。漢字《かんじ》で「鯖《さば》」と書《か》かれることも。

サ終《しゅう》

「サービス終了《しゅうりょう》」の略《りゃく》。ゲーム会社《がいしゃ》による、ゲームの配信《はいしん》や更新《こうしん》などのサービスがおわること。

実装《じっそう》

ゲームに新《あたら》しいキャラクターやアイテム、機能《きのう》などが増《ふ》えること。

周回《しゅうかい》

ゲームのシナリオ（ストーリー）や、同《おな》じステージをくり返《かえ》しプレイすること。敵《てき》やステージで得《え》られる報酬《ほうしゅう》、シナリオクリア特典《とくてん》などを目当《めあ》てにおこなう。

イベント

ゲームのなかで、決《き》められた期間《きかん》で開催《かいさい》されるもよおしのこと。イベントに参加《さんか》すると、アイテムなどを入手《にゅうしゅ》できる。「イベ」と略《りゃく》されることが多《おお》い。

エイム（AIM）

英語《えいご》で「ねらう」という意味《いみ》。FPS《エフピーエス》やTPS《ティーピーエス》ゲームなどで、照準《しょうじゅん》をあわせる（ねらいをつける）ときに使《つか》う。

エモート

ゲームのなかで、「楽《たの》しい」「うれしい」「悲《かな》しい」などのプレイヤーの感情《かんじょう》を、キャラクターが表情《ひょうじょう》や動《うご》きで表現《ひょうげん》すること。

落《お》ちる

ゲームからログアウトすることや、ゲームプレイをおわらせること。または、アイテムなどが「ドロップする」こと。

カンスト

「カウントストップ」の略《りゃく》。ゲームのキャラクターのレベルや能力《のうりょく》が、最大《さいだい》まで上《あ》がりきったときなどに使《つか》う。

天井《てんじょう》

ゲームのガチャで、決《き》められた回数《かいすう》を引《ひ》くと、すきなキャラクターや特定《とくてい》のアイテムと交換《こうかん》できるしくみ。

ドロップ

たおした敵《てき》が、アイテムや装備《そうび》などを落《お》とすこと。漢字《かんじ》で「泥《どろ》」と書《か》かれることも。

ナーフ

オンラインゲームで、すでにゲームに登《とう》場《じょう》しているキャラクターや武器《ぶき》などの性《せい》能《のう》(能力《のうりょく》)を下《さ》げること。ゲームの公平性《こうへいせい》(バランス調整《ちょうせい》)のためにおこなう。

パーティー

いっしょに冒険《ぼうけん》する仲間《なかま》(チーム)のこと。ゲームのステージごとにパーティーのメンバーをかえて、有利《ゆうり》に戦《たたか》えるように工《く》夫《ふう》する。

バグ

ゲームのシステムやプログラムの不《ふ》ぐあいのこと。キャラクターの動《うご》きがおそくなったり、特定《とくてい》の動作《どうさ》でゲームがとまったりしてしまう。

スキン

キャラクターや武器《ぶき》の見《み》た目《め》をかえられるアイテムのこと。ゲームによっては、スキンを使《つか》うことでキャラクターや武器《ぶき》の能力《のうりょく》が上《あ》がるものもある。

ソロ

「1人《ひとり》」という意味《いみ》で、「ソロプレイ」などのように使《つか》われる。同《おな》じ意味《いみ》の言葉《ことば》に「シングル」などがある。

ダウンロード

アプリやソフトなどを、スマートフォンやゲーム機《き》などに取《と》りこんだり、保存《ほぞん》したりすること。アルファベットで「DL《ディーエル》」とあらわすこともある。

チーミング

何人《なんにん》かのプレイヤーが参加《さんか》するゲームで、本当《ほんとう》は敵《てき》どうしのプレイヤーが協力《きょうりょく》してほかのプレイヤーを攻撃《こうげき》すること。不正《ふせい》行為《こうい》とされている場合《ばあい》もある。

チュートリアル

ゲームをはじめた直後《ちょくご》に、ゲームの操作《そうさ》方法《ほうほう》やストーリーなどを説明《せつめい》してくれるパート。

リセマラ

「リセットマラソン」の略《りゃく》。ゲームのガチャなどでほしいキャラクターが出《で》るまで、ゲーム開始《かいし》からチュートリアルがおわるまでくり返《かえ》すこと。

レアリティ

キャラクターやアイテムのレア度《ど》のこと。入手《にゅうしゅ》のむずかしさや、貴重《きちょう》さ(数《かず》の少《すく》なさなど)をしめす。

ロム(ROM)

Read Only Member(リード・オンリー・メンバー)の略《りゃく》。配信《はいしん》やSNS《エスエヌエス》などで、書《か》きこみをせずに見《み》るだけの人《ひと》のこと。パソコンのROM《ロム》とはちがう。

割《わ》る

①相手《あいて》のガードやシールドなどをくずすこと。②ネットでは、ゲームや音楽《おんがく》などを違法《いほう》にダウンロードすることを「割《わ》る」と表現《ひょうげん》する場合《ばあい》もある。

ワンタイムパスワード

一度《いちど》だけ使《つか》えるパスワードのこと。ランダムな英数字《えいすうじ》を入力《にゅうりょく》するものや、登録《とうろく》したメールアドレスやスマホのメッセージ機能《きのう》などで受《う》け取《と》れるものなどがある。

バフ/デバフ

「バフ」は、キャラクターの能力《のうりょく》を一定時《いっていじ》間《かん》だけ上《あ》げること。アイテムや技《わざ》などいろいろな方法《ほうほう》がある。反対《はんたい》に、能力《のうりょく》を下《さ》げることを「デバフ」という。

パラメーター

ゲームのキャラクターの能力《のうりょく》や、性能《せいのう》をあらわした数字《すうじ》(数値《すうち》)のこと。「ステータス」と表現《ひょうげん》することもある。

マルチ

「複数《ふくすう》の」という意味《いみ》。「ソロ」とは反対《はんたい》に、2人以上《ふたりいじょう》のプレイヤーが協力《きょうりょく》したり対戦《たいせん》したり、いっしょにゲームで遊《あそ》ぶことを「マルチプレイ」という。

ラグ

キャラクターやカメラの動《うご》きと、コントローラーなどの操作《そうさ》のあいだにうまれる時間差《じかんさ》。ラグがおきているときに「ラグい」「重《おも》い」と表現《ひょうげん》する。

リスポーン

FPS《エフピーエス》などのゲームで、キャラクターがたおされたときに自陣《じじん》やセーブ地点《ちてん》にもどって再《さい》スタートすること。

こまったときの相談窓口《そうだんまどぐち》

もしオンラインゲームで遊《あそ》んでいるときにトラブルがおきたら、
トラブルにくわしい窓口《まどぐち》に相談《そうだん》してみましょう。

消費者《しょうひしゃ》ホットライン“188番《ばん》”

サービスや商品《しょうひん》に関《かか》わるトラブルの相談《そうだん》を受《う》けてくれる「消費生活《しょうひせいかつ》センター」「消費生活相談窓口《しょうひせいかつそうだんまどぐち》」を案内《あんない》してくれます。消費生活《しょうひせいかつ》センターや窓口《まどぐち》が家《いえ》の近《ちか》くにあれば、相談員《そうだんいん》と対面《たいめん》で相談《そうだん》ができます。

電話番号《でんわばんごう》：188

※受付時間《うけつけじかん》は消費生活《しょうひせいかつ》センターや窓口《まどぐち》によって異《こと》なります

サイバー犯罪相談窓口《はんざいそうだんまどぐち》（全国《ぜんこく》）

全国《ぜんこく》の都道府県警察《とどうふけんけいさつ》にあるインターネットに関《かん》するトラブルの相談窓口《そうだんまどぐち》です。電話番号《でんわばんごう》や相談《そうだん》できる内容《ないよう》は窓口《まどぐち》によってことなります。くわしくは、各都《かくと》道府県警察《どうふけんけいさつ》のホームページなどで確認《かくにん》しましょう。

URL《ユーアールエル》：https://www.npa.go.jp/bureau/cyber/

警察庁《けいさつちょう》ＨＰ《ホームページ》（都道府県警察本部《とどうふけんけいさつほんぶ》のサイバー犯罪相談窓口一覧《はんざいそうだんまどぐちいちらん》）

ネット・スマホのなやみを解決《かいけつ》「こたエール」

インターネットやスマートフォンに関《かか》わるトラブルの相談《そうだん》を受《う》けてくれます。電話《でんわ》のほか、メールやLINE《ライン》(SNS《エスエヌエス》)でも相談《そうだん》ができます。東京都《とうきょうと》に住《す》んでいる人《ひと》や、東京都《とうきょうと》の学校《がっこう》に通《かよ》っている人《ひと》が使《つか》えます。

電話番号《でんわばんごう》：0120-1-78302

月曜日《げつようび》～土曜日《どようび》　15～21時《じ》

※祝日《しゅくじつ》・年末年始《ねんまつねんし》を除《のぞ》く　（メールは24時間受付《じかんうけつけ》）

LINE《ライン》・メール相談《そうだん》はこちらから

相談《そうだん》する前《まえ》に確認《かくにん》しておくこと

窓口《まどぐち》に相談《そうだん》する前《まえ》に、話《はな》したい内容《ないよう》を整理《せいり》しておきましょう。
わからないところは、保護者《ほごしゃ》に聞《き》いて調《しら》べておきます。

❶ デバイスの情報《じょうほう》

使用《しよう》しているデバイスに関《かか》わる情報《じょうほう》。

- ☑ デバイスの種類《しゅるい》（スマートフォン、タブレット、パソコン、ゲーム機《き》など）
- ☑ デバイスのメーカー（会社名《かいしゃめい》）
- ☑ ソフトウェアやOS《オーエス》のバージョン

❷ クラウドサービスの名前《なまえ》

使用《しよう》しているクラウドサービスの名前《なまえ》。

▶ クラウドサービスとは

インターネットを通《つう》じて、あらゆるデバイスで同《おな》じ機能《きのう》を使《つか》えるサービスのこと。例《たと》えば、インターネットにつなげてクラウドサービスのアカウントにログインすることで、スマートフォンやゲーム機《き》などから同《おな》じメールや画像《がぞう》を確認《かくにん》することができる。

❸ トラブルの状況《じょうきょう》

今《いま》こまっている内容《ないよう》や、トラブルの時系列《じけいれつ》。

- ☑ どのようなトラブルがおきているのか、トラブルをどう解決《かいけつ》したいのか（例《れい》：高額《こうがく》な課金《かきん》をしてしまい、課金《かきん》を取《と》り消《け》したい）
- ☑ いつトラブルがおきていることに気《き》づいたのか、トラブルがおきるまでの出来事《できごと》など

●監修《かんしゅう》

一般社団法人《いっぱんしゃだんほうじん》 日本《にほん》オンラインゲーム協会《きょうかい》
カスタマーサポート・ワーキンググループ

日本《にほん》オンラインゲーム協会《きょうかい》はオンラインゲーム事業者《じぎょうしゃ》の団体《だんたい》です。カスタマーサポート・ワーキンググループは、団体活動《だんたいかつどう》の一環《いっかん》として安心《あんしん》してゲームをプレイしてもらう安全《あんぜん》な環境整備《かんきょうせいび》をめざしています。全国《ぜんこく》の消費者相談員《しょうひしゃそうだんいん》の活動支援《かつどうしえん》のために情報提供《じょうほうていきょう》をさせていただいています。

HP:https://japanonlinegame.org/

●参考資料《さんこうしりょう》

『オンラインゲームガイド』一般社団法人《いっぱんしゃだんほうじん》日本《にほん》オンラインゲーム協会《きょうかい》(2021年《ねん》)

ルールを守《まも》って楽《たの》しもう！　まんがで学《まな》ぶ

オンラインゲーム

2023年8月10日発行　第1版第1刷©

監　修　一般社団法人《いっぱんしゃだんほうじん》
日本《にほん》オンラインゲーム協会《きょうかい》
カスタマーサポート・
ワーキンググループ

発行者　長谷川 翔

発行所　株式会社保育社
〒532-0003
大阪市淀川区宮原3－4－30
ニッセイ新大阪ビル16F
TEL 06-6398-5151
FAX 06-6398-5157
https://www.hoikusha.co.jp/

企画制作　株式会社メディカ出版
TEL 06-6398-5048（編集）
https://www.medica.co.jp/

編集担当　中島亜衣／相原知子／利根川智恵
まんが　おうみ
本文ｲﾗｽﾄ　よこてさとめ
本文執筆　菅原嘉子
デザイン　関根千晴／舟久保さやか／
石堂真菜実（スタジオダンク）
編集協力　江島恵衣美／カトウみのり
（フィグインク）
印刷・製本　日経印刷株式会社

ISBN978-4-586-08650-4　　Printed and bound in Japan

乱丁・落丁がありましたら、お取り替えいたします。